1

2

3

4

5

6

7

Mallorca

INSELABENTEUER

FRANK FELDMEIER

Michael Müller Verlag

DER AUTOR:

+++ FRANK FELDMEIER +++

1976 IN SCHWEINFURT GEBOREN +++ STUDIUM DER JOURNALISTIK IN EICHSTÄTT UND DER KOMMUNIKATIONSWISSENSCHAFTEN IN SALAMANCA +++ SEIT 2004 AUF MALLORCA +++ SEIT 2013 STELLVERTRETENDER CHEFREDAKTEUR DER MALLORCA ZEITUNG +++ INSTAGRAM.COM/FRANK.FELDMEIER +++

MALLORCA KENNEN VIELE DEUTSCHE besser als ihren Nachbarort. Neues auf der Insel entdecken? Kann man jede Menge – sogar in Pandemie-Zeiten, in die ein Teil der Recherche fiel. Viele der 33 Abenteuer in diesem Buch hat bislang bestimmt kaum ein Besucher unternommen. Die Drachenhöhlen, den Roten Blitz oder Palmas Kathedrale habe ich dafür links liegen lassen. Stattdessen bin ich mit Fischern rausgefahren, habe bei Bauern auf dem Feld gespeist und Schnecken probiert. Ich bin mit dem Rad durch die einstigen Bürgerkriegsfronten gebrettert und über ehemalige Eisenbahnstrecken gewandert. Ich habe mir Street-Art erklären lassen und Kunstwerke im Gebüsch gesucht. Und ich bin vor Sonnenaufgang auf Berge gestiegen, Umweltschützern zur Hand gegangen, habe einsame Strände gesucht und zu guter Letzt das Zentrum der Insel gefunden …

Frank Feldmeier,
Mallorca – Inselabenteuer

ZUR REIHE

WIE NÄHERT MAN SICH EINER ABWECHSLUNGSREICHEN INSEL MAL ANDERS?

Es war an der Zeit, eine neue Art von Reiseführern zu erfinden. So brachten wir im September 2019 die erste Staffel der *Stadtabenteuer* heraus. Nach einem halben Jahr haben wir nachgedruckt, und dann kam ... ein Virus.

Trotzdem war etwas in der Welt, das uns fast überrollt hat. Wir erhielten eine Auszeichnung für die neue Reihe, beste Pressestimmen von der *Süddeutschen* bis zur *FAZ*, auch Bloggerinnen und Blogger waren von der neuen Idee angetan: der Idee, einen Ort durch Erlebnisse zu erkunden. Ihn »mitzunehmen«, weil man etwas tiefer begriffen und erfahren hat, als das über die reine Besichtigung von Sehenswürdigkeiten möglich ist.

Dabei finden wir nach wie vor wichtig, dass mehr als die Hälfte der Erlebnisse kostenlos oder günstig (12 Euro oder weniger) sind, viele familienfreundlich, und die wichtigsten Sights und Spots – dazu gehören auch Wanderstrecken und Strände – beschrieben werden (»Wenn man schon mal hier ist«). Im Zentrum steht das Erlebnis, die Mentalität, die eine Stadt, eine Region oder eine Insel ausmacht.

Matthias Kröner, Herausgeber und Redaktion
Berit Kröner, grafisches Konzept und Herstellung

1

2

3
4
5

6
7

ANKOMMEN

+++ MALLORCA IST MIT 3.640 QUADRATKILOMETERN DIE SIEBTGRÖSSTE INSEL IM MITTELMEER +++ NORDÖSTLICH LIEGT MENORCA, SÜDWESTLICH IBIZA MIT FORMENTERA +++ OFFIZIELL LEBEN AUF MALLORCA KNAPP 900.000 PERSONEN. IM HOCHSOMMER BEFINDEN SICH ABER SCHON MAL MEHR ALS 1.4 MILLIONEN MENSCHEN GLEICHZEITIG HIER +++ DER TOURISMUS MACHT ÜBER EIN DRITTEL DES BRUTTOSOZIALPRODUKTS AUS +++ KNAPP 19.000 DEUTSCHE SIND BALEARENWEIT ALS EINWOHNER GEMELDET. DAZU KOMMEN JEWEILS RUND TAUSEND ÖSTERREICHER UND SCHWEIZER SOWIE EINE UNBEKANNTE ZAHL VON »INOFFIZIELLEN« RESIDENTEN +++ ES GIBT ZWEI AMTSSPRACHEN, KATALANISCH UND SPANISCH +++ MALLORCA HAT ZWEI STAUSEEN UND KEINEN EINZIGEN ECHTEN FLUSS +++

WENN MAN AUF MALLORCA ANKOMMT: Am Airport Son Sant Joan steigen Pauschalurlauber in Reisebusse, Individualurlauber in Mietwagen oder Taxi. Der Weg in Palmas Zentrum (Bus A1) oder an die Playa de Palma (A2) dauert nur rund zehn Minuten. Überlandbusse ab Plaça d'Espanya. Der Aerotib steuert Ferienorte ab dem Airport an (tib.org/de/web/ctm/autobus/aerotib). Fähren ab Barcelona (balearia.com, www.grimaldi-lines.com, gnv.it) sowie ab dem französischen Toulon (corsica-ferries.es).

MALLORCA IST EINE AUTOINSEL, auch wenn Bus, Bahn und Fahrrad zaghaft zulegen. Vor allem außerhalb von Palma ist ein **Mietwagen** praktisch bis unentbehrlich. Vorsicht: Billiganbieter schwatzen Kunden bei Abholung unnötige Versicherungen auf.
In Mallorcas Busse wurde zuletzt ordentlich investiert. Die Flotte von **Palmas Linienbussen (EMT)** ist modern, die Fahrplanauskunft auf der Webseite (emtpalma.cat) und in der App (MobiPalma) interaktiv. Spartarife sind vor allem auf Residenten gemünzt, es gibt aber ein **Zehnerticket**. Im **TIB-Überlandbus** (tib.org) gilt: Wer bar zahlt, zahlt drauf – besser Ticket online erwerben oder mit EC-Karte zahlen. Mit ihm können **bis zu fünf Personen** fahren, und der Preis fällt umso niedriger aus, je größer die Gruppe ist. Züge verkehren auf der Linie Palma–Inca, von dort geht es weiter nach Sa Pobla oder Manacor (tib.org/de/web/ctm/tren).

PALMAS ÖFFENTLICHES **Radleihsystem Bicipalma** für kurze Strecken von maximal 30 Minuten kann per Registrierung auch von Urlaubern genutzt werden (clubbicipalma.palmademallorca.es/bicicasual). Für Ausflugstouren steht an jedem größeren Urlaubsort ein **privater Fahrradverleih** zur Verfügung. Was Taxis angeht: Praktisch ist die App Ntaxi. Uber oder Cabify gibt es auf Mallorca nicht. Ansonsten: Taxistand aufsuchen, freies Taxi heranwinken oder an der Hotelrezeption fragen.

1

PALMA INNENSTADT

+++ ERLEBEN +++

MADINA MAYURQA. PALMA. Palma de Mallorca oder einfach Ciutat: Die Balearen-Hauptstadt trug schon mehr als einen Namen. Offiziell heißt sie heute einfach Palma. Die Altstadt mit ihren Palästen, engen Gassen und Jugendstilgebäuden wird umfasst vom Innenstadtring, den Avenidas. Zentrum ist eigentlich die Plaça Major. Der »größte Platz« konkurriert aber mit der Plaça d'Espanya – Verkehrsknotenpunkt für Bus, Bahn und Metro – der Plaça Cort – hier befinden sich Rathaus, Inselrat und Balearen-Parlament – sowie dem Borne-Boulevard mit seinen exklusiven Läden. Die Altstadt ist vielerorts herausgeputzt, die Folgen der Gentrifizierung sind zu spüren – dass Palma als eine der lebenswertesten Städte überhaupt gilt, hat sich herumgesprochen.

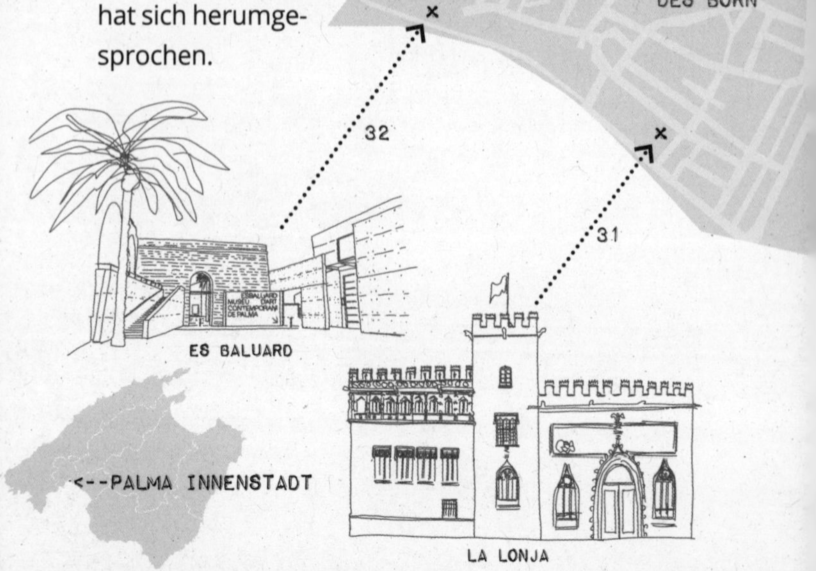

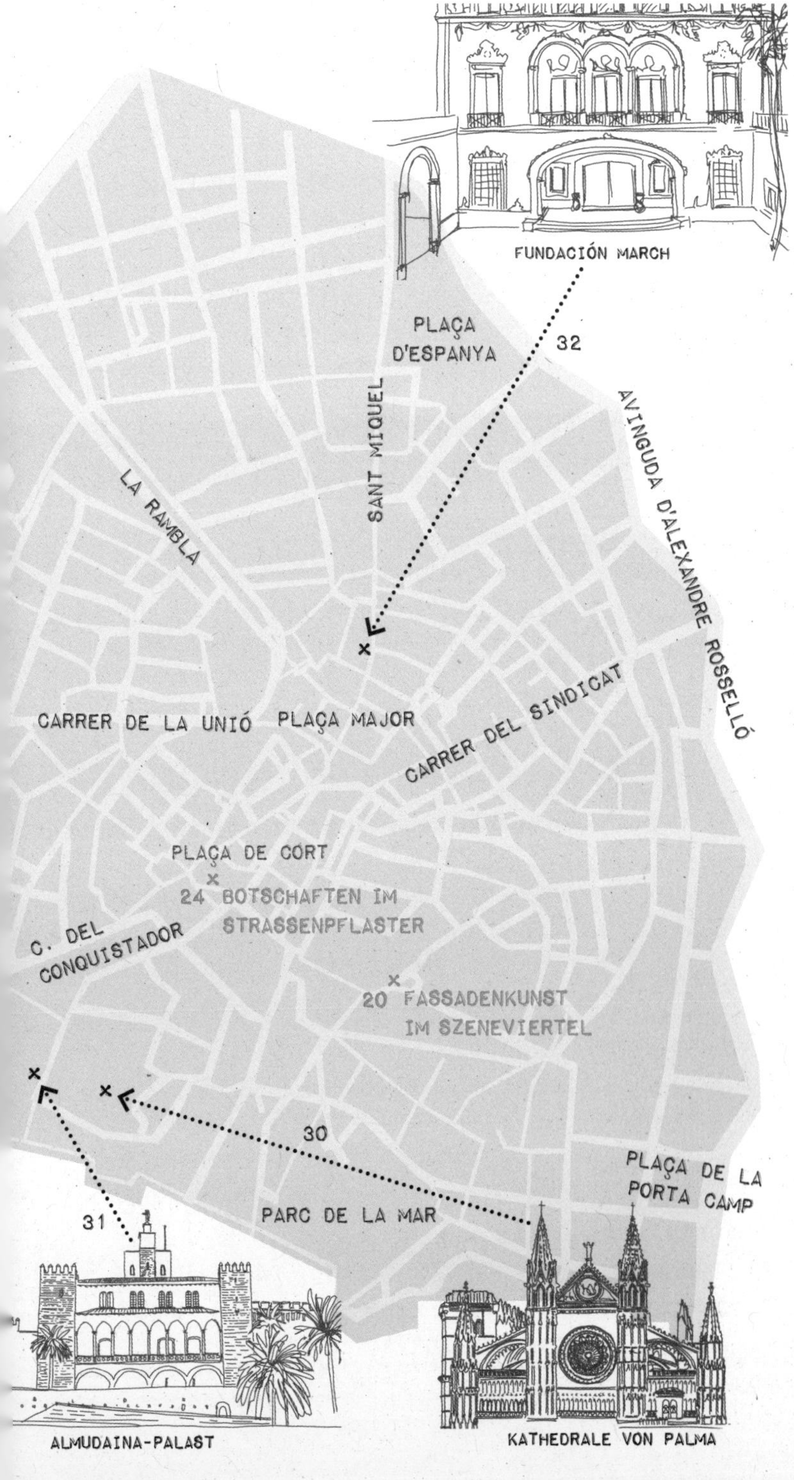
FUNDACIÓN MARCH
PLAÇA D'ESPANYA
32
SANT MIQUEL
AVINGUDA D'ALEXANDRE ROSSELLÓ
LA RAMBLA
CARRER DEL SINDICAT
CARRER DE LA UNIÓ
PLAÇA MAJOR
PLAÇA DE CORT
24 BOTSCHAFTEN IM STRASSENPFLASTER
C. DEL CONQUISTADOR
20 FASSADENKUNST IM SZENEVIERTEL
30
PLAÇA DE LA PORTA CAMP
31
PARC DE LA MAR
ALMUDAINA-PALAST
KATHEDRALE VON PALMA

CHILLEN IM ACHTEN STOCK

AUF DEN DACHTERRASSEN VON PALMAS HOTELS

PALMA INNENSTADT-->

+++ STECKBRIEF +++

WO? IN DIVERSEN HOTELS IN DER ALTSTADT +++ EMT-BUS 1/2/3/4/7/20/A1 PASSEIG MALLORCA/ JAUME III +++ WANN? ABENDS, TEILS NUR IM SOMMER +++ WIE LANGE? EIN BIS ZWEI STUNDEN ODER AUCH LÄNGER +++ WIE VIEL? JE NACH (GETRÄNKE-)KONSUM, BIER AB 3 EURO, COCKTAILS AB 8,50 EURO +++ WICHTIG! WER AUF NUMMER SICHER GEHEN WILL, SOLLTE VORAB RESERVIEREN +++

DER KONTRAST KÖNNTE KAUM GRÖSSER SEIN:

Von der trubeligen Einkaufsstraße Jaume III geht es bei Nummer 9 in die klimatisierte Lobby des Hotels Almudaina und weiter in den Aufzug. Geräuschlos gleitet er hinauf in Stockwerk acht. Die Türen öffnen sich, ein Kellner steht bereit. Er empfiehlt die weiche Couch im Schatten, direkt vorne am Glasgeländer.

Während meine Margarita zubereitet wird und der Algorithmus von Spotify die Skybar gerade mit *Desaparecido* von Manu Chao beschallt, entfaltet der Ausblick seine Wirkung, eine Art lebendiges Gemälde. Links die Kathedrale und die Zinnen des Almudaina-Palasts, rechts der Yachthafen, unter mir die Dächer Palmas. Sogar die klobigen Außengeräte der Klimaanlagen wirken von hier oben idyllisch. Dann endlich der erste laue Windhauch an diesem Juniabend. Es ist nicht mehr lange bis zum Sonnenuntergang.

MAN KANN IN PALMA viel unternehmen, man kann aber auch einfach mal nichts tun. Und das am besten in luftiger Höhe. Während Berlin-Besucher den Funkturm (126 Meter) besteigen oder in Paris den Eiffelturm (300 Meter), geht es in der Balearen-Hauptstadt recht niedrig zu: Die höchsten Gebäude sind ein Wohnkomplex im Nordwesten Palmas (72 Meter), der Flughafen-Tower (66 Meter) und die Kathedrale (65 Meter), die von den meisten Urlaubern lediglich von unten bestaunt wird (siehe S. 30). Aber zum Glück gibt es ein Dutzend Hotels in der Altstadt, die einen spätestens am Abend auf ihre Dachterrasse lassen, sofern man an der Lobby freundlich fragt – und die im Gegensatz zur Kathedrale eine solide Cocktail-Auswahl im Angebot haben.

Nicht überall klappt indes der Spontan-Besuch. Im Hotel Es Príncep im Carrer de Bala Roja Nr. 1, direkt neben den restaurierten Resten der alten Stadtmauer, bekomme ich an der Lobby die Empfehlung, besser vorher zu reservieren, sowie eine Visitenkarte mit der E-Mail. Angesagt ist an diesem Abend aber Spontaneität, Alternativen liegen schließlich in Gehnähe – die weiteste Strecke sind rund 20 Minuten zu Fuß.

DA WÄREN NEBEN DEM ALMUDAINA (skybar@hotelalmudaina.com) das Hotel Nakar (Avinguda Jaume III, 21, info@nakarhotel.com), das Innside Palma Center (Carrer Font i Monteros, 23, innside.palma.center@melia.com), das Sant Francesc (Plaça Sant Francesc, 5, hola@hotelsantfrancesc.com), das Can Alomar (Carrer de Sant Feliu, 1, info@boutiquehotelcanalomar.com) und das Hostal Cuba (Carrer de Sant Magí, 1, info@hotelhostalcuba.com).
Oder auch das Hotel Saratoga am Passeig de Mallorca Nr. 6 – ein Klassiker. Der Aufzug fährt hinauf zur Skybar, ebenfalls im achten Stock (bluejazzclub@hotelsaratoga.com). »Ich empfehle den Erdbeer-Daiquiri«, sagt die Kellnerin. »Ich habe ihn gerade einer Dame serviert, die hätte am liebsten darin gebadet.« Ich bestelle trotzdem ein Rosa Blanca, die wiederbelebte Insel-Marke eines hopfigen Lagerbiers. Um uns herum werden Vorspeisen serviert. Einige Tische stehen direkt am Pool, der für externe Gäste aber tabu ist. Im Westen schaut die Spitze des Galatzó hinter den Hügeln von Na Burguesa hervor. Darüber der letzte Rest Sonne des heutigen Tages.

WENN MAN SCHON MAL **HIER** IST:
Mit ein bisschen Glück und Vorausplanung lässt sich tagsüber auch Palmas **Kathedrale** ⇨ besteigen – zumindest Glockenturm und Hauptterrassen (siehe S. 30, Achtung, es gibt keinen Aufzug!). Die wichtigsten Sehenswürdigkeiten Palmas (siehe S. 31–32) sind fußläufig. So könnte die blaue Stunde in den Skybars ein gemütlicher Abschluss des touristischen Tagesprogramms sein.

FASSADENKUNST IM SZENE-VIERTEL

STREET-ART-TOUR IN SA GERRERIA

PALMA INNENSTADT-->

+ + + S T E C K B R I E F + + +

WO? PALMA. PLAÇA SANT FRANCESC +++ EMT-BUS 2 JUTJATS NOUS +++ WANN? TAG UND UHRZEIT NACH VEREINBARUNG. ANMELDUNG UNTER E-MAIL CARMEN@MALLORCAONFOOT.COM. MALLORCAONFOOT.COM +++ WIE LANGE? RUND ZWEI STUNDEN +++ WIE VIEL? PRO GRUPPE 135 EURO (EIN BIS VIER PERSONEN) BZW. 160 EURO (FÜNF BIS ACHT PERSONEN). GETRÄNK INKLUSIVE (SOFTDRINK ODER BIER) +++ WICHTIG! AUF ENGLISCH ODER SPANISCH. KÜNFTIG AUCH AUF DEUTSCH +++

EIN MÄDCHEN MIT FLÜGELN sieht uns mit selbstbewusstem Blick an, aufgeschlagene Knie, einen überdimensionalen Schraubenzieher in den Händen. Von einem Balkon schaut eine alte Frau auf sie herunter. »Wie würdet ihr die Szene interpretieren?«, fragt Carmen, als wir vor dem überlebensgroßen Gemälde des Künstlers Soma stehen, das die gesamte Fassade einer Hausruine in Palmas Viertel Sa Gerreria einnimmt. Vielleicht erinnert sich die Frau an ihre eigene Jugend? Oder ist das Mädchen eine Superheldin mit der Mission, das Altstadtviertel zu sanieren?
Carmen freut sich sichtlich über alle Interpretationen – und darüber, dass es den Teilnehmern der Führung schon nach kurzer Zeit gelingt, die Graffitikünstler auseinanderzuhalten – ihre Signaturen, ihre Leitfarben, ihre Motive, ihre Botschaften.

SA GERRERIA wurde nach der Jahrtausendwende zum Szeneviertel – nach Jahrzehnten des Niedergangs mit Drogenhandel, Prostitution und dem Exodus vieler angestammter Bewohner. Doch zwischen den heruntergekommenen Gebäuden wird kräftig saniert, neue Läden und noch mehr Bars öffnen, das Nachtleben füllt die Gassen.
»Sprich mit den Nachbarn, statt die Polizei zu rufen«, steht halb mallorquinisch, halb englisch an einem Graffito an der Plaça de Quadrado. Es zeigt in die Höhe gestreckte Hände, wie bei einer Bürgerversammlung. Offensichtlich eine Anspielung auf Nachbarschaftskonflikte, weil Barbesucher zu laut sind oder Urlauber den Hausfrieden stören. Die Konflikte beschäftigen Palmas Politik, sie sucht nach Mitteln gegen die Gentrifizierung, verbietet das Vermieten von Apartments an Touristen und erteilt keine neuen Lizenzen für Altstadthotels.
Ein Glascontainer neben dem Graffito wurde mit einem Grinsekater bemalt und zum Unterschlupf für kastrierte Straßenkatzen umfunktioniert. In der Gasse ist zudem eine Wäscheleine gespannt, mit BHs und ausgewaschenen Comicseiten. Von gesprühten Wandgemälden über bemalte Rollläden bis hin zu plastischen Objekten an den Fassaden – Street-Art hat hier viele Gesichter.

CARMEN SPIELT DEN SONG *Mysteries* von Beth Gibbons auf ihrem Handy ab. Wir stehen vor einem Motiv, das die Sängerin als Figur auf einer Spielkarte zeigt – der Spanier Abraham Calero hat vier seiner Lieblingsinterpreten verewigt. Die Graffitikünstler sind aber nicht nur mit eigenen Serien vertreten, sie interagieren auch untereinander. »Wenn ihr die Signatur ZON seht, dann sucht auch Exit Enter«, rät Carmen. Einige Werke sind zudem Auftragsarbeiten, so etwa im Fall von Joan Aguiló. Er malt großflächig sentimentale Kindheitserinnerungen auf die Fassaden der Insel, am Bahnhof des Bummelzugs Roter Blitz genauso wie an Hotels in Arenal. In Sa Gerreria fällt sein Motiv eines alten Mannes auf einem Stuhl ins Auge – ganz so, als hätte dieser sich zu den Senioren gesellt, die gerade tatsächlich in der Gasse sitzen.
Im Fall des geflügelten Mädchens gibt Carmen schließlich den entscheidenden Hinweis zur Entschlüsselung. Ein lilafarbener Wollfaden führt von den Stricknadeln der alten Frau bis hinunter zum Kleid des Mädchens. Es ist eine Hommage an den Feminismus: Für die Emanzipation der jüngsten Generation kämpften auch schon die Großmütter.

WENN MAN SCHON MAL **HIER** IST:

In Sa Gerreria ist die Ruta Martiana angesagt, die Dienstagsroute, bei der die Bars abends eine Kombi aus Bierchen (*caña*) plus Häppchen (*pincho*) zum kleinen Preis anbieten. Wegen Corona fand sie zuletzt allerdings nur eingeschränkt statt. Den Mittelpunkt der Ruta Martiana bildet die kreativ geschmückte **Molta Barra** □→ (Carrer del Pes de la Farina, 12). Heißer Tipp: **La Tortillera** (Plaça de la Quartera, 1), wo es das traditionelle Kartoffelomelett in allen Varianten gibt.

BOTSCHAFTEN IM STRASSENPFLASTER

STOLPERSTEINE ERINNERN AN DIE OPFER VON HITLER UND FRANCO

PALMA INNENSTADT-->

+ + + STECKBRIEF + + +

WO? IN PALMAS INNENSTADT. MÖGLICHER STARTPUNKT PLAÇA DE CORT +++ EMT-BUS 2 PLAÇA DE CORT +++ WANN? JEDERZEIT +++ WICHTIG! DIE LISTE DER ANLAUFPUNKTE GIBT'S UNTER BIT.LY/STOLPERSTEINE-MALLORCA +++ WIE LANGE? EIN BIS ZWEI STUNDEN +++ WIE VIEL? KOSTENLOS +++

ALS HÄTTE ICH ETWAS auf dem Boden verloren, streife ich im Carrer Colom (Straßenname) zwischen Souvenirladen, Klamottengeschäft und Bäckerei umher. Mein Blick gleitet über Bordsteine, Gullideckel und Bodenplatten, bis ich den Stolperstein endlich entdecke. Der Name des Gedenksteins ist in jeder Hinsicht symbolisch: Keiner der Passanten läuft Gefahr zu stolpern, und der ebenerdige, matt glänzende Stein hat im Wettbewerb um die Aufmerksamkeit der Menschen keine Chance gegen den Plastikstier im Eingang des Souvenirladens.
»Aquí visqué Josep Roy Rivas«, steht auf Mallorquinisch eingraviert in eine Messingplatte, hier lebte eines von 68 balearischen Opfern des Nationalsozialismus, deportiert 1941 nach Mauthausen, ermordet am 27. November jenes Jahres. War Spanien nicht neutral im Zweiten Weltkrieg? Wie konnte es geschehen, dass Insulaner in Arbeits- und Konzentrationslagern der Nazis starben?

IM CARRER COLOM, zwischen der zentralen Plaça Major und Palmas Rathausplatz, hat der deutsche Künstler Gunter Demnig Ende 2018 gleich acht Stolpersteine verlegt. Das ist Teil seiner Mission zum Gedenken an die Opfer des Nationalsozialismus, die er seit dem Jahr 2000 in ganz Europa umsetzt. Weil der Wohnort von einigen Opfern nicht überliefert ist, reihen sich sieben Steine, jeweils zehn mal zehn Zentimeter groß, auf der Plaça de la Pescateria im Halbkreis aneinander. Auch hier besteht kein Risiko, dass einem jemand den Platz wegen eines Selfies streitig macht – zumal man sich dafür auf den Boden legen müsste.

Ich setze mich auf eine Bank und lese das Wenige, was von den Biografien überliefert ist, und zwar in Wikipedia, wo auch die Koordinaten der Steine eingetragen sind (bit.ly/stolpersteine-mallorca). So sehr die Behörden die Initiative unterstützten – eine geführte Tour oder einen Audioguide haben sie nicht aufgelegt, und die ausführliche Dokumentation gibt es nur auf Katalanisch. Es sind sehr unterschiedliche Lebenswege, die meisten der Opfer waren Republikaner, flohen im Spanischen Bürgerkrieg (1936–1939) vor den Franco-Schergen nach Frankreich und fielen dort in die Hände der deutschen Besatzer.

AUCH UNMITTELBAR VOR dem Eingang des monumentalen Rathauses entdecke ich einen Stolperstein, er trägt den Namen Emili Darder. Während andere Besucher nach oben starren und die Mythenfiguren der hölzernen Dachtraufe betrachten oder sich vor dem uralten Olivenbaum gegenüber fotografieren, gucke ich nach unten. Dieser Pflasterstein sieht anders aus, statt Messing hat er eine silbern glänzende Abdeckung. Er ist einer von 63 weiteren Stolpersteinen, die Todesopfern des Franco-Regimes auf den Balearen gewidmet sind, Künstler Demnig nennt sie *Remembrance Stones*.
Der Ort vor dem Rathaus markiert die letzte Arbeitsstätte von Emili Darder, er war Bürgermeister von Palma. Kurz vor dem Putsch im Juli 1936 wurde der Linkspolitiker interniert und dann von einem Militärgericht zum Tode verurteilt. Es ist noch gar nicht so lange her, dass Straßennamen und Monumente der Franco-Zeit aus dem Stadtbild verbannt wurden – in Spanien ist die Vergangenheitsbewältigung nach der langen Diktatur (1939–1975) eine komplizierte Angelegenheit. Zumindest gibt es jetzt auch Hinweise auf die Opfer jener Zeit im Stadtbild.

WENN MAN SCHON MAL **HIER** IST:

Ende des Dornröschenschlafs: **Can Vivot** □→ gewährt erst seit 2021 Besuchern einen Blick in die Welt von Mallorcas Aristokratie. Die Adelsfamilie öffnet den prächtigen, denkmalgeschützten Stadtpalast nahe dem Rathaus einige Tage im Monat für kleine Gruppen – zumindest einen Teil des riesigen Komplexes (Führung auf Deutsch zwei Mal im Monat, kunst-touren-mallorca.com, iflohr.santanyi@gmail.com, Tel.: +34 690-21 87 09, 28 Euro).

WENN MAN SCHON MAL IN PALMAS INNENSTADT IST

+++ SEHEN +++

+++ ESSEN +++

+++ AUSGEHEN +++

+++ SHOPPEN +++

+++ SCHLAFEN +++

1

SEHEN

KATHEDRALE VON PALMA

An keinem anderen Ort in Palma konzentrieren sich so viele Urlauber wie hier – wer La Seu (»Bischofssitz«) nicht gesehen hat, war nicht in der Stadt. Drei Jahrhunderte wurde an dem 1601 fertiggestellten Wahrzeichen Palmas gebaut. Manches kam aber erst später hinzu, so der Altarraum des Jugendstilarchitekten Antoni Gaudí. Was viele nicht wissen: Von Mai bis Oktober kann man aufs Dach steigen – ein imposanter Perspektivenwechsel. Am 2. Februar und 11. November projiziert die aufgehende Sonne die Rosette der Ostfassade unter die kleinere Rosette der Westfassade und lässt eine »magische Acht« entstehen. Am 24. Dezember werden wegen des großen Andrangs gleich zwei Christmetten auf Deutsch abgehalten.

+++ PLAÇA DE LA ALMOINA +++ EMT-BUS 2/3/4/7/20/25/35 JOAN CARLES I (CATEDRAL) +++ MO-SA 10-14.15 UHR, 8 EURO +++ MEHRSPRACHIGER AUDIOGUIDE FÜRS HANDY (4 EURO) UND RESERVIERUNG FÜR DACHBESUCH (12 EURO) UNTER CATEDRALDEMALLORCA.ORG/DE +++

ALMUDAINA-PALAST

Royal geht es hier zumindest noch einmal im Jahr zu, wenn das spanische Königspaar während seiner Sommerfrische die Insel-Gesellschaft zum Empfang lädt. Ansonsten gehört der in maurischer Zeit erbaute und unter den katalanischen Eroberern umgestaltete Regierungssitz gegenüber der Kathedrale praktisch ganz den Urlaubern. Auf einem Rundgang erfährt man jede Menge über Mallorcas frühere Könige, etwa auch ihre Vorliebe für flämische Wandteppiche.

+++ PALAU DE L'ALMUDAINA +++ CARRER DEL PALAU REIAL +++ EMT-BUS 2/25/35 PLAÇA DE LA REINA +++ DI–SO 10–18 UHR, MI UND SO AB 15 UHR EINTRITT KOSTENLOS +++ 7 EURO, FÜHRUNG AUCH AUF DEUTSCH, 4 EURO AUFPREIS +++ BIT.LY/ALMUDAINA-PALAST-PALMA +++

LA LONJA

Zinnen, Ecktürme, schlanke Säulen – kaum zu glauben, dass das lichtdurchflutete Gebäude mit seiner gotischen Eleganz keine Kirche ist, sondern ehemals als Sitz der Seehandelsbörse diente. Architekt Guillem Sagrera, der auch am Ausbau der Kathedrale beteiligt war, gestaltete die gleiche dreischiffige Halle später noch einmal im Castel Nuovo in Neapel. Heute finden in dem Prachtbau Ausstellungen statt, und alle vier Jahre wird hier der neu gewählte balearische Ministerpräsident vereidigt.

+++ DI–SO 11–14 UHR UND 17–21 UHR, FEIERTAGS GESCHLOSSEN +++ EMT-BUS 2/25/35 PLAÇA DE LA REINA +++ EINTRITT FREI +++ BIT.LY/LA-LONJA-PALMA +++

ES BALUARD

Dass hier Altes und Neues kombiniert wird, sieht man schon von Weitem: Vier versetzt übereinander angeordnete Metallwürfel – eine Installation von Santiago Calatrava – ragen über die Fassade des Museums hinaus. Was früher Befestigungsanlage war, wurde aufwendig restauriert, mit moderner Architektur aufgepeppt und beherbergt heute die wichtigste Sammlung zeitgenössischer Kunst der Insel. Schon der Blick von der Terrasse lohnt den Besuch.

+++ PLAÇA PORTA DE SANTA CATALINA 10 +++ EMT-BUS 1 AV. ARGENTINA (SA FEIXINA) +++ DI-SA 10-20 UHR, SO 10-15 UHR +++ EINTRITT 6 EURO, FREITAGS AB 0,10 EURO FREI WÄHLBAR +++ FAHRRADFAHRER 2 EURO EINTRITT +++ ESBALUARD.ORG +++

FUNDACIÓN MARCH

Der restaurierte Stadtpalast in Palmas wichtigster Einkaufsstraße zeigt vor allem spanische Kunst des 20. Jahrhunderts – von Picasso über Dalí bis Miró – sowie wechselnde Ausstellungen. Begründet hat die Sammlung der frühere Schmugglerkönig und Bankier Juan March. Die Stiftung ist das kulturelle Aushängeschild der gleichnamigen Bank.

+++ CARRER SANT MIQUEL, 11 +++ EMT-BUS 3/4/7/20/25/35 PLAÇA DEL MERCAT +++ MO-FR 10-18.30 UHR, SA 10.30-14 UHR +++ EINTRITT FREI +++ MARCH.ES/ES/PALMA +++

SANTI TAURA ➪

So dürfte für Mallorquiner Heimat schmecken: Santi Taura wälzt für seine Gerichte Bücher und Archive. Degustationsmenüs ab 70 Euro im Dins, preiswertere Alternativen im legeren Cor barra i taula (»Herz, Theke und Tisch«).

+++ DINS: FR-SA 13-16 UHR, MI-SA 20-23 UHR, PLAÇA DE LLORENÇ VILLALONGA, 4 +++ DINSSANTITAURA.COM +++ COR BARRA I TAULA: JE NACH SAISON, PLAÇA COMPTAT DE ROSSELLÓ +++ CORBARRAITAULA.COM +++

CELLER SA PREMSA

Zwischen herumwirbelnden Kellnern, vergilbten Stierkampfplakaten und mannshohen Weinfässern wird ein Menü mit reichhaltiger Auswahl aufgetischt.

+++ PLAÇA DEL BISBE BERENGUER DE PALOU, 8 +++ MO-MI 12-16 UHR, DO-SA 12-16 UHR UND 19.30-23.30 UHR (JULI UND AUGUST AUCH SAMSTAGS GESCHLOSSEN) +++ CELLERSAPREMSA.COM +++

ES REBOST

Es Rebost (»Vorratskammer«) ist das Franchise-Konzept des deutschen Unternehmers Helmut Clemens und bietet modernisierte Inselklassiker aus Inselprodukten mit ganz viel Inselambiente. Tagesgerichte für 9,50 Euro.

+++ AV. JAUME III, 20, CARRER DELS OMS, 52, AV. COMTE DE SALLENT, 29 +++ MO-SA 8.30-22.30 UHR +++ ESREBOST.COM +++

CAN JOAN DE S'AIGO

Ensaimadas (Schmalzschnecken), *cuartos* (Kuchen mit Kartoffelstärke), dazu heiße Schokolade: Das Traditionscafé trotzt nicht nur allen Trends, es hat sogar eine dritte Filiale eröffnet.

+++ CARRER DEL BARÓ DE SANTA MARIA DEL SEPULCRE, 5, CARRER DEL SINDICAT, 74 UND CARRER CAN SANÇ, 10 +++ TÄGLICH 8-21 UHR +++ CANJOANDESAIGO.COM +++

AUSGEHEN

ABACO

Körbe voller frischer Früchte, Büsten und Statuen, brennende Kerzen: Das Abaco gilt zu Recht als Mallorcas opulenteste Bar, und das Ambiente ist eigentlich wichtiger als die Cocktails. In diesem Stadtpalast blättert man gerne auch mehr hin – oder man guckt einfach so mal rein.

+++ CARRER SANT JOAN, 1 +++ EMT-BUS 2/25/35 PLAÇA DE LA REINA +++ AB CA. 21 UHR, PAUSE ÜBER JAHRESWECHSEL +++ BAR-ABACO.ES +++

GARITO

Funk, Soul und Underground: Im Garito am landeinwärts gelegenen Hafen des Paseo Marítimo geht es deutlich weniger kommerziell zu als in anderen Discos an der Ufer- und Ausgehpromenade. Ab 20 Uhr kann man etwas essen, ab Mitternacht legen DJs auf.

+++ DÀRSENA DE CAN BARBARÀ +++ EMT-BUS 1 PASSEIG MARÍTIM (CAN BARBARÀ) +++ WEGEN CORONA ZU, ERÖFFNUNG ANGEKÜNDIGT +++ GARITOCAFE.COM +++

SHOPPEN

STICK NO BILLS

Mallorcas Tourismuswerbung hat eine lange Geschichte. Ein britisches Paar ließ sich von den nostalgischen Motiven zu seiner Geschäftsidee inspirieren: In der Poster Art Gallery gibt es Reproduktionen und eigene Motive im vollendeten Retrostil.

+++ COSTA D'EN BROSSA, 10 +++ MO–SA 10–21 UHR +++ STICKNOBILLSONLINE.COM +++

CAMPER

Der Kultschuh wird zwar nicht mehr auf Mallorca hergestellt, der Firmensitz befindet sich aber weiter auf der Insel. Wem die bunten Kreationen im Laden in Palma zu teuer sind, kann auch im Outlet-Laden (Recamper) stöbern. Der Name (Aussprache a, nicht ä) hat übrigens nichts mit Camping zu tun, sondern ist der mallorquinische Begriff für Bauer.

+++ CARRER DE SANT MIQUEL, 17, PALMA, UND AVINGUDA JAUME III, 5, PALMA, ODER RECAMPER, CARRER CUARTEL, 91, INCA +++ MO-SA 10.30-20 UHR, RECAMPER: MO-SA 10-20 UHR +++ CAMPER.COM +++

SCHLAFEN

PALAU SA FONT

Zentral, aber ruhig gelegen: In dem behutsam modernisierten Altstadtpalast mit vier Sternen wurde vieles von Künstlern gestaltet – bis hin zu den Zimmertüren. Familiäre Atmosphäre zu fairen Preisen (günstigstes Doppelzimmer in der Hochsaison rund 130 Euro).

+++ CARRER DELS APUNTADORS, 38 +++ EMT-BUS 2/25/35 PLAÇA DE LA REINA +++ PALAUSAFONT.COM +++

HOTEL BOSCH

Bosch (sprich: Bosk) – dieser Name steht eigentlich für ein Traditionscafé am zentralen Borne-Boulevard. Seit 2018 gibt es auch schlichte und elegante Zimmer (DZ ca. 80 Euro in der Nebensaison) und Apartments (ca. 100 Euro) in dem verschachtelten Altstadtgebäude.

+++ CARRER DE CAN BRONDO, 7 +++ EMT-BUS 2/3/4/7/20/25/35 JOAN CARLES I +++ HOTELBOSCH.COM +++

2
PALMA UMGEBUNG

+++ ERLEBEN +++

2

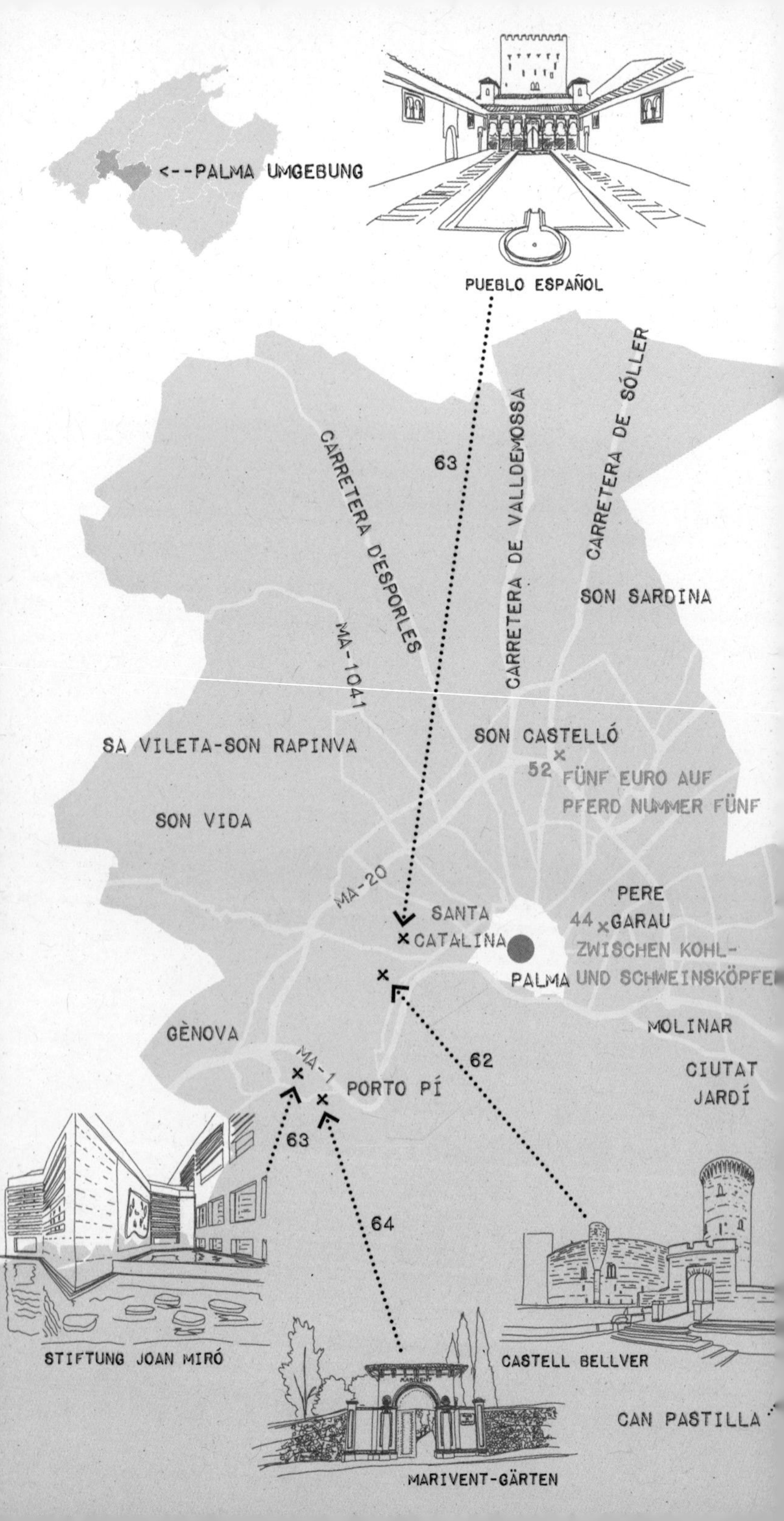

<--PALMA UMGEBUNG
PUEBLO ESPAÑOL
63
CARRETERA D'ESPORLES
CARRETERA DE VALLDEMOSSA
CARRETERA DE SÓLLER
SON SARDINA
MA-1041
SA VILETA-SON RAPINVA
SON CASTELLÓ
52
FÜNF EURO AUF
PFERD NUMMER FÜNF
SON VIDA
MA-20
SANTA
CATALINA
PERE
44
GARAU
ZWISCHEN KOHL-
UND SCHWEINSKÖPFE
PALMA
MOLINAR
GÈNOVA
MA-1
62
PORTO PÍ
CIUTAT
JARDÍ
63
64
STIFTUNG JOAN MIRÓ
CASTELL BELLVER
CAN PASTILLA
MARIVENT-GÄRTEN

AUSSERHALB DES INNENSTADTRINGS (Avenidas) beginnt ein Palma, das viele Urlauber nicht kennenlernen. Hier ist die Stadt nach dem Abriss der historischen Stadtmauern Anfang des 19. Jahrhunderts zum Teil unkontrolliert gewuchert, es finden sich Wohnviertel der Mittelschicht, Nobelsiedlungen wie Son Vida oder Einwandererviertel wie Son Gotleu und Pere Garau. Außerhalb davon liegt eine Gegend, die die meisten nur noch aus dem Autofenster auf dem Weg zum Flughafen, an den Strand oder in die Berge kennen. An den Rändern des Stadtgebiets geht die Bebauung fließend in die Nachbargemeinden über, so im Südwesten nach Calvià, im Nordosten nach Marratxí und im Südosten an der Playa de Palma nach Llucmajor mit seinem Ortsteil Arenal.

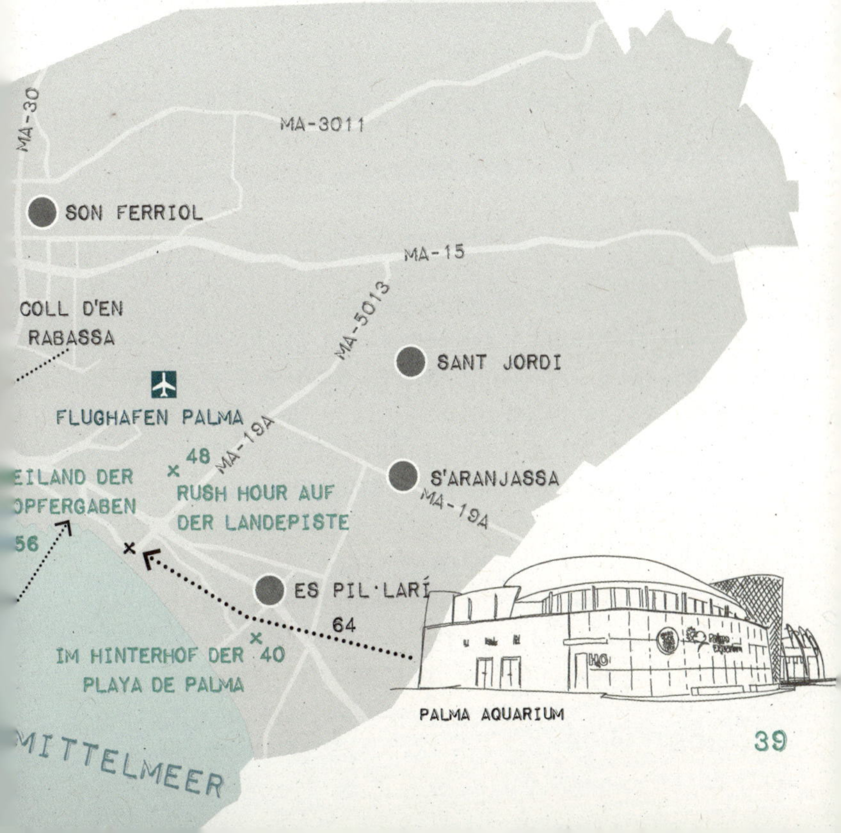

IM HINTERHOF DER PLAYA DE PALMA

1001 WINDMÜHLEN IM PLA DE SANT JORDI

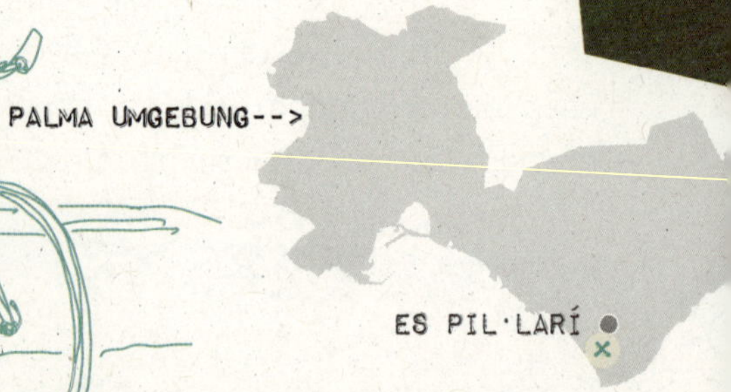

+ + + S T E C K B R I E F + + +

WO? STARTPUNKT AN DER PLAYA DE PALMA, CARRER DELS TROBADORS (HÖHE MEGAPARK) +++ EMT-BUS 25/A2 BALNEARIO 4 +++ WANN? JEDERZEIT, WENN ES NICHT ZU HEISS IST +++ WIE LANGE? FUSSMARSCH KNAPP 2 STUNDEN EINFACH (CA. 7 KILOMETER) +++ WIE VIEL? GRATIS +++ WICHTIG! GPS-DATEN UNTER MM-ABENTEUER.COM! MEHRERE ANBIETER FÜR LEIHRÄDER AN DER PLAYA DE PALMA, AUCH DIREKT AM STARTPUNKT (CARRER DELS TROBADORS, 1A, CICLOSQUINTANA.COM) +++

WIE WEIT IST ES vom Party-Epizentrum des Ballermanns bis ins ländliche Mallorca? Die Antwort lautet: höchstens drei Kilometer. Trotz der Kürze fühlt sich die Strecke an wie eine Weltreise: Eben stehe ich noch vor der Großdisco Megapark mit Blick auf die quirlige Strandpromenade, und schon in ein paar Minuten werde ich an Pferdehöfen und Äckern vorbeikommen, Hühner gackern hören – und Windmühlen sehen, soweit das Auge reicht. Wer in Mallorcas wichtigstem Tourismusgebiet absteigt, bleibt normalerweise hier, schaut für einen Tagestrip nach Palma oder fährt mit dem Mietauto in die Berge. Das Ziel der heutigen Joggingtour – alternativ Wander- oder Radtour – heißt dagegen: Pla de Sant Jordi, die Ebene, die sich zwischen dem gleichnamigen Dorf und der Küste erstreckt.

VOM STRAND WEG folge ich dem Carrer dels Trobadors bis ans Ende, biege links ein in den Camí del Palmer, dann rechts in den Camí de les Meravelles, überquere die Autobahn, nehme noch im Kreisel einen Fußweg linker Hand in den Ort Es Pillarí und gehe auf dem Camí de Muntanya immer weiter. Dann die ersten Windmühlen – oder das, was von ihnen übrig ist: Skelette aus Eisenringen und Querstreben, an denen die Flügel einst befestigt waren. Dann – nach einer scharfen Rechtskurve und dem Beginn des Camí de s'Hostal – taucht ein kleiner Schatz auf, die zwei Mühlen von Can Morey mit ihren 18 in Blau und Rot frisch gestrichenen Metallflügeln. Davor steht eine Infotafel, die Restaurierung haben Stadt und Inselrat gefördert. Ich klettere auf den Rand des gefüllten Wasserbeckens, den Safareig, auf der Oberfläche spiegeln sich die Flügel – eine tolle Perspektive für ein Foto! Ich kann die Funktionsweise erahnen. Hier wird nicht Getreide gemahlen, sondern Wasser gefördert: Der Wind treibt die Flügel an, die Dreh- wird zur Pumpbewegung, das Wasser fließt ins Becken und auf die Äcker. Mallorcas charakteristische Windmühlen, die man schon im Anflug sieht, sind also eigentlich windgetriebene Wasserpumpen.

WASSER GIBT ES HIER REICHLICH.

Der Pla de Sant Jordi war ein Feuchtgebiet, bevor es der holländische Ingenieur Paul Bouvy Mitte des 19. Jahrhunderts trockenlegte und so zur landwirtschaftlichen Vorratskammer Palmas machte. Doch dann kam der Tourismusboom, die Landepisten des Flughafens zerteilten das Areal, die Landwirtschaft wurde unrentabel, die Vorratskammer zum Hinterhof. Und wie ein Hinterhof wirkt auch dieser Weg: Er ist authentisch, aber nicht ästhetisch. Instagram-Motive sind hier schwerlich zu finden, aber Erkenntnisse über eine vergessene Vergangenheit. Hinterhof eben.

An einer Kreuzung mit Bushaltestelle biege ich links in die Carretera Militar in Richtung s'Aranjassa ab, dort geht es auf der Hauptstraße ein Stück nach rechts und dann links in den Camí de Can Peixet. Noch einmal links abbiegen, dann führt der Weg in Kurven an einer Kläranlage vorbei auf dem Camí Son Oliver bis ans Ziel der Route, Sant Jordi. Dass in dem Ort auch der letzte auf Mallorca verbliebene private Mühlen-Restaurator seinen Betrieb hat, passt irgendwie ins Bild.

WENN MAN SCHON MAL **HIER** IST:

Vor der Rückkehr – es fährt auch ein Bus, die EMT-Linie 31 führt über **s'Aranjassa** und Arenal wieder an die **Playa de Palma** □→ – bietet sich die Einkehr in Sant Jordi an, zum Beispiel in der Dorfkneipe **Cafè Sa Plaça** (Carrer Arada, 24, täglich außer Montag). Im Kreisel vor der Ortseinfahrt liegt einer der Planespotter-Hotspots (siehe S. 48).

ZWISCHEN KOHL- UND SCHWEINSKÖPFEN

AUF DEM MARKT IM EINWANDERER-VIERTEL PERE GARAU

+ + + STECKBRIEF + + +

WO? PLAÇA PERE GARAU +++ EMT-BUS 5/16/39 MERCAT DE PERE GARAU +++ WANN? MO-FR 6-14.30 UHR, SA 6-16 UHR +++ WIE LANGE? EIN BIS ZWEI STUNDEN +++ WIE VIEL? JE NACH EINKAUF +++ WICHTIG! KAUM FREIE PARKPLÄTZE +++ MERCATPEREGARAU.ES +++ WEITERE STÄNDIGE MÄRKTE IN PALMA: L'OLIVAR (PLAÇA DE L'OLIVAR, MERCATOLIVAR.COM), SANTA CATALINA (PLAÇA DE LA NAVEGACIÓ, MERCATDESANTACATALINA.COM) +++

WIE WÄRE ES MIT SCHWEINSOHREN?

Oder Schweinsfüßen? Gepökelt, das Kilo für 8,60 Euro. Die Schweinsköpfe starren neonbestrahlt hinter der Theke hervor. Von oben hängen Schinkenbeine und Sobrassada-Würste herab, sodass von der Marktfrau dahinter nicht mehr viel zu sehen ist.

Ich bin kein Vegetarier, gehe aber dann doch zum Gemüsestand weiter. Hier stapeln sich jetzt im Januar die Kohlköpfe, ideal für *lomo con col*. Ich sage dem Verkäufer, dass Schweinelende in Wirsing auf den Tisch kommen soll. Er sucht einen Kopf aus, zeigt ihn mir, macht die äußeren Blätter weg und lässt ihn unverpackt in meine Einkaufstasche fallen. Am Stand nebenan geht es ähnlich praktisch zu: Die Orangen kullern aus dem Eimer des Marktmanns direkt in den Trolley. Und für die Eier hat die Käuferin einen praktischen Tupper mit zwölf Aushöhlungen dabei, den sie sich am Stand auffüllen lässt.

AUF DEM MARKT von Pere Garau im gleichnamigen Einwandererviertel ist alles nicht so schick wie auf dem Mercat de l'Olivar in der Altstadt. Oder so trendy wie auf dem Mercat de Santa Catalina, wo sich Urlauber und ausländische Residenten an Essensständen versammeln. Der Mercat de Pere Garau ist tatsächlich noch Marktstatt Fresshalle. Ich stoße auch nur auf ein einziges deutsches Schild, es verkündet »Aus eigenem Anbau«. Dabei erkennt man die mallorquinischen Sorten auch so: Die Auberginen sind lila-weiß gesprenkelt, die Zucchini etwas kleiner als die Variante vom Festland und hellgrün, die Oliven dunkler und bitterer.

Gut, dass ich Zeit mitgebracht habe. An den meisten Ständen heißt es Nummer ziehen und warten, perfekte Gelegenheit zum Gucken und Plauschen. Illustrationen, die gerahmt an der Wand hängen, erklären Fischarten sowie Saisonzeiten von Obst und Gemüse. Lieber große oder kleine Früchte? Das Grün von den Radieschen dranlassen oder abschneiden? Ist das hier die Schlange fürs Brot? Am Fischstand hält der Verkäufer die Exemplare auf dem Eis einzeln in die Höhe, bis der ältere Kunde seine Auswahl getroffen hat. In einer Ecke steht ein Regal zum Büchertausch.

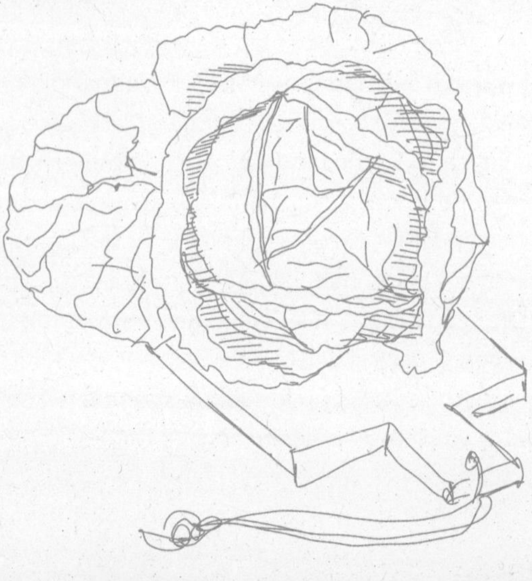

AM AUSGANG STRECKT MIR eine Frau Parfumpackungen entgegen und verspricht lautstark die neuesten Dufttrends. Auf beiden Querseiten der 1943 gegründeten Markthalle sind weitere Stände im Freien aufgebaut. Montags, mittwochs und freitags gibt es hier Kleidung, Schuhe und Tand, dienstags, donnerstags und samstags neben weiteren Obst- und Gemüseständen auch Pflanzen sowie lebende Tiere. Heute ist aber nur einer von sonst vier Verkäufern da, auf dem engen Gehsteig hat er seine Käfige mit Vögeln, Hühnern und Gänsen in Reihen gestapelt.

Ich setze mich in eine der zahlreichen Bars rund um die Markthalle und fühle mich wie in einem Bienenkorb. Dieses Viertel ist ein »echtes« Stück Palma, das sich nicht für Besucher hübsch macht. Es ist bunt, ein bisschen schmuddelig, kein bisschen glamourös. Nach Pere Garau waren Anfang des 20. Jahrhunderts Mallorquiner vom Land gezogen, dann Festlandspanier, danach Arbeitseinwanderer aus aller Welt. Cafeteria Arabica Kebab, Supermercado Jinxing, Bazar Marrakech – und mittendrin eine Markthalle, um die das Leben eines ganzen Viertels kreist.

WENN MAN SCHON MAL **HIER** IST:

Pere Garau hat ansonsten für Besucher nicht viel zu bieten. Zu Fuß sind es aber nur zehn Minuten bis zum **Innenstadtring (Avenidas)**, wo die Altstadt beginnt. Man kann auch weiterfahren Richtung **Molinar** (siehe S. 66) und Playa de Palma (siehe S. 65), wo ein Besuch des **Palma Aquariums** (siehe S. 64) lohnt.

RUSH HOUR AUF DER LANDEPISTE

DIE INOFFIZIELLEN AUSSICHTSTERRASSEN AN PALMAS AIRPORT

+ + + STECKBRIEF + + +

WO? GEWERBEGEBIET SON OMS, CARRER DE CAN CALAFAT 29, EMT-BUS 31 CAN ALEGRIA (15 MINUTEN GEHZEIT) +++ MA-5013, KREISEL AN DER ORTSEINFAHRT NACH SANT JORDI, EMT-BUS 14 SANT JORDI +++ UFERPROMENADE ES CARNATGE (PARKEN IN DER NÄHE DES HOTELS ALUASOUL) +++ WANN? IMMER, ABER AM BESTEN ZUR HAUPTSAISON, UND DANN SAMSTAGS +++ WIE LANGE? 5 MINUTEN ODER DEN GANZEN TAG +++ WIE VIEL? KOSTENLOS +++

SO RIESIG PALMAS FLUGHAFEN AUCH IST,

beim Bau wurde ein wesentlicher Bereich vergessen: eine Besucher- und Aussichtsterrasse. Für einen guten Blick auf die startenden wie landenden Flugzeuge fahre ich deshalb ins Gewerbegebiet Son Oms nebenan und parke vor einem Bürogebäude mit dem vielversprechenden Namen »Aeronaves« (Flugzeuge). Auf drei Stockwerken haben hier neben Betrieben aller Art vor allem Mietwagenfirmen ihren Sitz.

Der Parkplatz steht zwar nur Mitarbeitern offen, die Türen zum Treppenhaus sind aber geöffnet. Ich erklimme 59 Stufen und erreiche über eine Passage das Parkdeck. Vor mir erhebt sich der Tower, über dem die Parabolantenne kreist. Von rechts schweben in der Ferne drei Flugzeuge gleichzeitig ein, wie auf einer Schnur aufgefädelt. Ein easyJet-Flieger setzt scheinbar lautlos auf, die Maschinen dahinter sind bislang nur Lichtreflexe am Horizont.

FÜR BIS ZU 33 LANDUNGEN und ebenso viele Starts pro Stunde ist Son Sant Joan offiziell ausgelegt – und in der Hauptsaison kommen die Flieger tatsächlich im Zwei-Minuten-Takt herein. Jahresbilanz: knapp 30 Millionen Passagiere (2019). Es ist ein Spektakel, das weitgehend ohne Zuschauer stattfindet, und völlig unbeeindruckt von der Rushhour am Horizont eilt eine Büroangestellte zu ihrem Wagen.

Die Flugzeuge landen und starten gegen den Wind, heute befindet sich die Einflugschneise im Inselinnern. Ich fahre auf der Ma-5013, immer parallel zur Landepiste Süd, bis an deren Ende und parke am Kreisverkehr. Es scheint, als ob sich die Piste mit der Landstraße kreuzt, die Landebahnbefeuerung setzt sich auch im Kreisverkehr und auf der anderen Straßenseite fort. Während ich aus dem Auto steige, donnert schon der erste Flieger über meinen Kopf hinweg. Am Flughafenzaun stehen Menschen mit Spiegelreflexkameras und langen Objektiven. Die Planespotter dokumentieren quasi den gesamten Flugbetrieb. Im Jahr 2004 fotografierten sie sogar, ohne es zu wissen, geheime Flüge der CIA – Son Sant Joan ist nicht nur Drehscheibe für Urlauber, sondern war es auch für Gefangenentransporte Terrorverdächtiger.

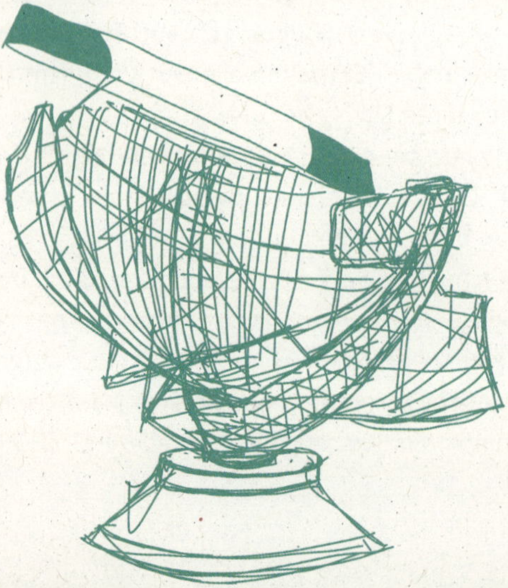

JETZT FEHLEN NOCH die startenden Flugzeuge. Die Nordpiste, die heute als Startpiste fungiert, endet fast direkt am Meer, im Gebiet von Es Carnatge. Hier führt eine Uferpromenade entlang, die Palmas Stadtstrände mit der Playa de Palma verbindet, und sie wäre richtig idyllisch, würden nicht ebenfalls die Flugzeuge über sie hinwegdonnern. Aber deswegen bin ich ja hier. Zudem hat die Promenade einen entscheidenden Vorteil für Planespotter: Bänke. Vor mir das Meer, hinter mir Spaziergänger, Radfahrer und Jogger, über mir die nach Hause zurückkehrenden Mallorca-Urlauber. Das Logo der Airline prangt übergroß auch am Flugzeugbauch.

Wenn ich jetzt auf dem Handy die Seite von flightradar24 öffne, kann ich sehen, zu welchem Airport jeweils die Heimreise führt. Das Dröhnen der Getriebe wird leiser, das Flugzeug kleiner. Schaffe ich es, einen Flieger im Blick zu behalten, bis er endgültig mit dem Horizont eins wird?

WENN MAN SCHON MAL **HIER** IST:
Lust auf einen Spaziergang am Meer? Wer der Uferpromenade Richtung Palma folgt, gelangt – über **Cala Gamba** und **Ciutat Jardí** (siehe S. 65) – nach gut drei Kilometern nach **Molinar** (siehe S. 66) und **Portixol** ⇨. Tradition hat die Bar **Es Vaixell** (facebook.com/vaixell), hier gibt es leckere llonguets, wie die für Palma typischen belegten Brötchen heißen (Carrer del Vicari Joaquim Fuster, 13).

FÜNF EURO AUF PFERD NUMMER FÜNF

WETTEN WIE EIN MALLORQUINER IN DER RENNBAHN SON PARDO

+ + + S T E C K B R I E F + + +

WO? HIPÒDROM SON PARDO. CARRETERA DE SÓLLER KM 3.5. AN DER AUSFAHRT SÓLLER DER RING-AUTOBAHN +++ EMT-BUS 11/12 PENITENCIARI +++ HIPODROMSONPARDO.COM +++ WANN? AN CA. 70 TAGEN IM JAHR. PROGRAMM UNTER HIPODROMSONPARDO.COM/AGENDA (RENNEN IN SON PARDO SIND MIT »SP« MARKIERT) +++ WIE LANGE? EINEN NACHMITTAG ODER ABEND LANG +++ WIE VIEL? EINTRITT KOSTENLOS. WETTEN AB 1 EURO EINSATZ +++

EIN KLINGELTON WIE IN DER SCHULE unterbricht die Fahrstuhlmusik, die aus den Lautsprechern schallt. »Noch eine Minute bis zum Start«, kündigt der Sprecher an. Ein gutes Dutzend trabender Pferde mit Sulkys im Schlepptau reiht sich für den sogenannten Autostart hinter einem Fahrzeug mit zwei ausgebreiteten Gitterflügeln ein. Es beschleunigt und gibt so die Bahn frei – das Rennen kann beginnen.

Ich versuche, Pferd Nummer fünf im Blick zu behalten, immerhin habe ich symbolische 5 Euro auf den Sieg von Harmonia d'Artà gesetzt. Im Gegensatz zu einem Galopprennen wirkt das Tempo gemächlich, doch in dieser ersten Runde verschwindet der Fahrer mit weißem Helm und silbernem Rennanzug trotzdem im Getümmel. Vielleicht liegt es aber auch an der Schwierigkeit, mich zu konzentrieren angesichts der vielen Eindrücke auf der Rennbahn und Tribüne von Son Pardo.

DIE STIMMUNG IST ÄHNLICH wie sonntags auf einem Sportplatz in Deutschland. Trabrennen sind, natürlich weit hinter König Fußball, ebenfalls eine Art Massensport auf der Insel – und die *carreres* in den *hipòdroms* von Manacor und Palma alles andere als Events für die Schönen und Reichen. Und es ist eine Welt, die mit dem Tourismus noch nicht in Berührung gekommen zu sein scheint.

An diesem Sonntagnachmittag im Dezember stehen in Son Pardo gleich zehn Rennen an. Um die Übersicht zu behalten, studieren alle Zuschauer beständig einen DIN-A3-Bogen, auf dem alle Pferde inklusive Fahrer, Rennstall und Klassifizierung aufgeführt sind – eine Wissenschaft für sich.

Dennoch ist Wetten mit Hilfe dieses Zettels gar nicht so schwierig, wie sich am Schalter herausstellt. Erstens: Nummer des Rennens angeben. Zweitens: Art der Wette wählen – mit *Guanyador* setzt man auf den Sieger, mit *Quiniela* auf die ersten zwei, mit *Trio* auf die ersten drei, jeweils in exakter Reihenfolge. Drittens: Pferdenummer(n) angeben. Und viertens: den Wetteinsatz entrichten. Mit einem Euro geht es los, nach oben gebe es kein Limit, versichert die Verkäuferin.

AUCH WENN GERADE KEIN RENNEN IST, finden sich regelmäßig Besucher in Son Pardo ein – wegen Sa Curva, eines Restaurants unter der Tribüne. Hier gibt es ein üppiges Büffet mit mallorquinischer Hausmannskost. Zudem hat der Betreiber rund 2.000 Bierkrüge und weitere Brauereiutensilien aus seiner weltumfassenden Sammlung ausgestellt, Deutschland inklusive. Schade, dass es wegen der Coronarestriktionen gerade geschlossen hat (facebook.com/SaCurva).

Oben auf der Tribüne dagegen nimmt der Trubel im Laufe des frühen Abends weiter zu, es geht Schlag auf Schlag. Denn die Rennen sind kurz. Die 2.200 Meter, die auch Harmonia d'Artà zurücklegen muss, umfassen nur gut zwei Umrundungen des Ovals. Als »mein Pferd« wieder an der Tribüne vorbeikommt, trabt es abgeschlagen im hinteren Feld – und holt auch in der letzten Runde nicht mehr auf. Aber es gibt ja noch mehr Chancen in weiteren Rennen. Wie wäre es zum Beispiel mit einer Wette auf Guacamole oder Homer? Auf Heat Dancer? Oder vielleicht Infinity Love?

WENN MAN SCHON MAL **HIER** IST:

Son Pardo liegt direkt an Palmas Ringautobahn, zwei Ausfahrten weiter Richtung Andratx befindet sich das Fußballstadion des Erstligisten **Real Mallorca** mit Fanshop und Bar (Visit Mallorca Estadi, Ausfahrt Son Moix, Tickets unter entradas.rcdmallorca.es). Und drei Ausfahrten weiter Richtung Flughafen läuft **Atlético Baleares** ⊡→ auf: Im Estadi Balear spielt der Drittligist des deutschen Eigentümers und Präsidenten Ingo Volckmann (Ausfahrt Manacor/Sineu, atleticobaleares.com/de).

EILAND DER OPFERGABEN

MIT DEM BOOT ODER AUS EIGENER MUSKELKRAFT NACH NA GALERA

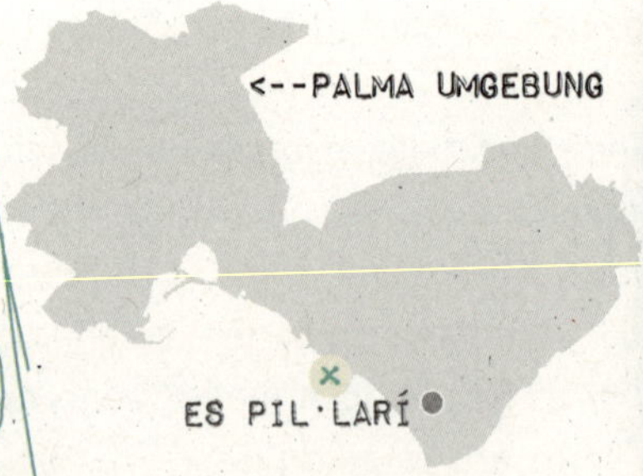

+ + + S T E C K B R I E F + + +

WO? KNAPP 200 METER VOR DER KÜSTE VON CAN PASTILLA. ZWISCHEN PUROBEACH UND HOTEL ALUA +++ EMT-BUS 31/35/A2 CALA ESTÀNCIA +++ WANN? MORGENS BEI SCHÖNEM WETTER UND RUHIGER SEE +++ WIE LANGE? EIN VORMITTAG +++ WIE VIEL? SCHWIMMEN GRATIS. MIT DEM BOOT AB 10 EURO PRO PERSON (AB VIER PERSONEN. KLEINERE GRUPPEN SIND TEURER). PER STAND-UP-PADDLE: AB 10 EURO PRO PERSON UND STUNDE (EL NIÑO SURFCENTER. CARRER DEL VAIXELL. 2. BIT.LY/PADDLESURF-MALLORCA) +++ WICHTIG! INFOS UND ANMELDUNG ZUR BOOTSTOUR: NAGALERAPUNICA@GMAIL.COM (AUF ENGLISCH ODER SPANISCH MÖGLICH). NAGALERAPUNICA.WORDPRESS.COM +++

ES GIBT IM PRINZIP drei Möglichkeiten, nach Na Galera zu gelangen. Das Eiland lässt sich mit dem Boot ansteuern, sportlich per Stand-up-Paddle erreichen, und auch Schwimmen ist angesichts von weniger als 200 Metern Entfernung von der Küste eine Option. Ich entscheide mich fürs Boot, besser gesagt eine Art Nussschale, die Jorge aus dem Yachthafen von Can Pastilla steuert.
Das Meer ist glatt an diesem Maimorgen – Voraussetzung für alle drei Optionen. Jorge hat Routine, seit 2012 setzt der Archäologe auf Na Galera über, zunächst mit Kollegen und Helfern für die Ausgrabungsarbeiten, inzwischen auch mit Besuchern, die er mitnimmt auf eine Reise in die Zeit der Phönizier – und noch weiter in die Vergangenheit. »Wir haben Überreste aus Zeiten gefunden, als die ersten Menschen nach Mallorca kamen«, meint Jorge und ist beim Knattern des Außenmotors kaum zu verstehen.

SO KLEIN DAS EILAND mit seinen nur rund 180 Metern Umfang, so reich seine Geschichte, die sich in mehreren Schichten über das Inselchen gelegt hat. Davon zeugen Wasserkanäle, Schächte, Mauerreste, auch ein kleiner Steinbruch, den inzwischen das Meer überspült. Aus einer mitgebrachten wasserdichten Tonne holt Jorge Fotos der Ausgrabungen und der Funde, die inzwischen im Museu de Mallorca aufbewahrt werden. Ab dem 4. Jahrhundert vor Christus beherbergte Na Galera eine Kultstätte mit einem bis zu vier Meter hohen Tempel. »Hierher kamen Phönizier von Ibiza, sie zelebrierten Wasserrituale und brachten Opfergaben dar«, erklärt Jorge. Das Gebäude brannte nieder, wurde wieder aufgebaut, von den Römern in den Punischen Kriegen erneut zerstört. Bei den Ausgrabungsarbeiten, die bis 2017 andauerten, fanden sich mit menschlicher Asche gefüllte Urnen, das Skelett eines bestatteten Mannes offenbar höheren Ranges, aber auch zehn Skelette aus dem 1. Jahrhundert nach Christus, die nicht begraben, sondern liegen gelassen wurden, vermutlich Opfer eines Gewaltverbrechens. Keramik, Münzen, das Projektil eines römischen Katapults, Tierreste – niemand hatte auf dem vergessenen Eiland so viele Funde erwartet.

AUF EINER DER entdeckten Münzen prangt die von den Phöniziern verehrte Gottheit Bes, das breitbeinige Wesen mit Federn auf dem Kopf und Schlange in der Hand ziert auch die Schirmmütze von Jorge. Merchandising? Nein, Fundraising zur Finanzierung der Ausgrabungen. Der gemeinnützige Verein der Amics de na Galera organisiert hierfür auch Märkte und bringt Besucher gegen Spenden auf die Insel. Für die Zukunft sind zusätzliche Infotafeln und ein Audioguide geplant. Und die Besuche sollen dann nicht mehr Archäologen organisieren, sondern etwa Anbieter von Stand-up-Paddle-Touren.
Die Freizeitsportler umkreisen ohnehin das Eiland, einer hat seinen Hund mit auf dem Brett dabei und winkt herüber. Selten liegen touristische Gegenwart und historischer Tiefgang so nah beieinander, zumal sich mit dem Brett auch leichter anlegen lässt als mit dem Boot. Eine Verschnaufpause auf Na Galera, Gelegenheit zum Innehalten – Jorge sieht das ganz in der Tradition der Phönizier. Was früher eine Opfergabe war, könne heute eine kurze Meditation sein, ein Gedankenausflug zu dem, was hier einst geschah.

WENN MAN SCHON MAL **HIER** IST:

Was auf Na Galera ausgegraben wurde, wird im **Museu de Mallorca** □→ aufbewahrt, auch die Gesichter der Toten wurden rekonstruiert. Wenn auch die archäologischen Funde derzeit nicht ausgestellt sind, lohnt ein Blick in das kulturgeschichtliche Museum (Palma, Carrer de la Portella, 5, museudemallorca.caib.es). Der Besuch von Na Galera lässt sich verbinden mit Planespotting (siehe S. 48), das Eiland liegt ebenfalls fast in der Einflugschneise von Palmas Flughafen.

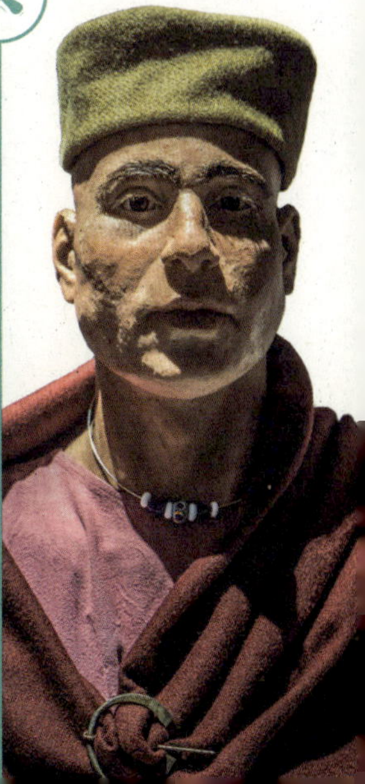

WENN MAN SCHON MAL IN PALMAS UMGEBUNG IST

+++ SEHEN +++

+++ AUSSPANNEN +++

+++ LAUFEN/RADELN +++

+++ ESSEN +++

+++ AUSGEHEN +++

+++ SHOPPEN +++

+++ SCHLAFEN +++

2

SEHEN

CASTELL BELLVER ☐↑

Wo sich heute Urlauber tummeln, Paare das Jawort geben oder Koalitionsverträge in Szene gesetzt werden – so der Pacte de Bellver von 2019 –, waren früher Gefangene untergebracht, zuletzt im Bürgerkrieg (1936–1939). Von ihnen zeugen Kritzeleien im Sandstein des Innenhofs. »Jo hi era« (»Ich war hier«) steht dort, und so heißt auch ein Forschungsprojekt über die politischen Gefangenen. Obwohl das kreisrunde Castell 112 Meter über dem Meer Anfang des 14. Jahrhunderts als Königsresidenz errichtet wurde, diente es die meiste Zeit als Gefängnis. Heute beherbergt es ein Stadtmuseum und eine Skulpturensammlung des Kardinals Antonio Despuig (siehe Raixa, S. 140). Von ganz oben bietet sich ein toller Blick auf Palma. Der umliegende Park ist ein Joggingparadies.

+++ CARRER DE CAMILO JOSÉ CELA +++ EMT-BUS 4/20/46/47 PLAÇA GOMILA (12 MINUTEN GEHZEIT) +++ DI-SA 10-19 UHR (IM WINTER 10-18 UHR), SO 10-15 UHR +++ 4 EURO, SONNTAGS GRATIS +++ GUIDE-APP »CASTELL DE BELLVER« AUCH AUF DEUTSCH +++ CASTELLDEBELLVER.PALMA.CAT +++

PUEBLO ESPAÑOL

Man nehme von jeder Region Spaniens ein typisches Gebäude, baue es im kleinen Maßstab nach und kombiniere alles zu einem Dorf. Das Ergebnis lässt sich im Pueblo Español bestaunen, einer Art Themenpark. Hier stehen 72 Kopien etwa der arabischen Bäder der Alhambra in Granada, des Giralda-Turms von Sevilla oder des Kapuzinerplatzes von Córdoba. Während der inzwischen 50 Jahre der Existenz des Komplexes wurden immer wieder neue Nutzungskonzepte ausprobiert. Heute gibt es im Nuevo Pueblo Español – dem neuen spanischen Dorf – auch Messen, Shows und Weihnachtsmärkte.

+++ CARRER DEL POBLE ESPANYOL, 55 +++ EMT-BUS 29/46/47 POBLE ESPANYOL +++ ÖFFNUNGSZEITEN SIEHE FACEBOOK.COM/PUEBLOESPANOLMALLORCA +++ 6 EURO +++

STIFTUNG JOAN MIRÓ

Jetzt sieht das Atelier wirklich so aus, wie es Malerfürst Joan Miró bei seinem Tod 1983 hinterlassen hatte: Den Restaurierungsarbeiten 2018 waren intensive Recherchen vorausgegangen, um dem letzten Wunsch des katalanischen Genies gerecht zu werden. Besucher bekommen 65 Reproduktionen seiner unter anderem vom Surrealimus beeinflussten Gemälde zu sehen.

+++ FUNDACIÓ PILAR I JOAN MIRÓ +++ EMT-BUS 46/47 FUNDACIÓ PILAR I JOAN MIRÓ +++ CARRER DE SARIDAKIS, 29 +++ DI-SA 10-18 UHR, SO 10-15 UHR +++ 9 EURO, SA VON 15 BIS 18 UHR FREI +++ MIROMALLORCA.COM +++

MARIVENT-GÄRTEN

Wo bis 2017 nur die Royals flanieren durften, haben nach einer Initiative der balearischen Linksregierung nun alle Bürger Zutritt: Die Gärten des Marivent-Palasts sind Teil der Residenz, in der Mitglieder der Königsfamilie traditionell ihre Sommerfrische verbringen. Der mediterrane Garten mit seinen 40 Pflanzenarten und einem Dutzend Bronzestatuen von Joan Miró ist denn auch von allen Seiten mit Videokameras überwacht. Der Familia Real wird man hier allerdings nicht über den Weg laufen – wenn sie Aufstellung zum traditionellen Familienfoto nimmt, sind die Gärten geschlossen.

+++ AVINGUDA DE JOAN MIRÓ, 229 +++ EMT-BUS 4/46/47 MARIVENT +++ GANZJÄHRIG AUSSER IN DER OSTERWOCHE UND IN DER ZEIT VOM 15. JUNI BIS 15. SEPTEMBER +++ 9–20 UHR, VON OKTOBER BIS APRIL 9–16.30 UHR +++ EINTRITT FREI +++

PALMA AQUARIUM

Meeresschildkröten, Quallenbecken, ein Dschungel mit Wasserfall – das 32-Millionen-Euro-Projekt (Baujahr 2007) ist alles andere als eine Touristenfalle. Viele einheimische Familien schauen dank Residentenrabatt regelmäßig in dieser riesigen Erlebniswelt vorbei, um Tropenfische zwischen lebenden Korallen zu bestaunen, heimische Seegurken zu befühlen oder bei der Fütterung der Haie dabei zu sein. Neueste Attraktion ist ein 3-D-Walkino.

+++ CARRER MANUELA DE LOS HERREROS I SORÀ, 21 +++ EMT-BUS 23/25/31/35/A2 AQUÀRIUM +++ MO–SO 10–15 UHR, IM SOMMER BIS 18.30 UHR +++ 25,50 EURO, KINDER BIS 12 JAHRE 14 EURO +++ PALMAAQUARIUM.COM +++

AUSSPANNEN

PLAYA DE PALMA

Hier schlägt das Herz von Mallorcas Massentourismus: An mehr als vier Kilometern Promenade werden Strandgäste rundum versorgt. Die Strandbuden sind zur Orientierung von 1 bis 15 durchnummeriert. Balneario 1 befindet sich ganz im Osten am Yachthafen von Arenal, auf Höhe von Nummer 6 sind die meisten Partyurlauber unterwegs, am ruhigsten ist es Richtung Nummer 15 in Can Pastilla.

+++ ZU ERREICHEN ÜBER DIE FLUGHAFENAUTOBAHN MA-19, AUSFAHRTEN 7 UND 8 (CAN PASTILLA), 10 (SES FONTANELLES), 11 (PLAYA DE PALMA), 12 (ARENAL) +++ EMT-BUS 25/A2 BALNEARIO 1 BIS 13 +++

CIUTAT JARDÍ

In Ciutat Jardí fühlen sich einheimische Familien wohl. Das Wasser mag anderswo klarer sein, der Sand feiner. Aber der Strand ist flach und nah. Schräg dahinter Richtung Osten liegt versteckt die Festungsanlage Torre d'en Pau. Sollte sie Ende des 19. Jahrhunderts die Bucht vor einem eventuellen Angriff der Vereinigten Staaten aufgrund des Kubakriegs schützen, halten heute nur noch streunende Katzen die Stellung.

+++ COLL D'EN RABASSA +++ PARKMÖGLICHKEIT CARRER DE L'ILLA DE RODES +++ EMT-BUS 18/27/28/35 COLL D'EN RABASSA +++

ES MOLINAR ⇨

Wenn am sonnigen Wochenende nicht gerade halb Palma hier flaniert, lässt es sich an der Promenade des ehemaligen Fischerviertels bestens joggen, auch Rollerblader und Radler kommen auf ihre Kosten. Besonderer Blickfang: der kleine Yachthafen von Molinar, der ab 2020 erneuert, dank des Protests der Anwohner aber nicht vergrößert wurde.

+++ CARRER DEL VICARI JOAQUIM FUSTER +++ EMT-BUS 18/27/28/35 ES MOLINAR +++

PASEO MARÍTIMO

Palmas Bewohner sprechen auch von der *fachada marítima*, der »Meeresfassade« ihrer Stadt: Zwischen der alten Mole schräg gegenüber der Kathedrale und Porto Pí weiter im Westen, wo die Kreuzfahrtschiffe anlegen, erstreckt sich ein mehr als drei Kilometer langer Boulevard mit Bootsanlegern und Hafengebäuden meerseits und Bars und Restaurants landseits. Dazwischen fahren leider mehrspurig die Autos. Aber ein Projekt zur Verkehrsberuhigung kommt voran.

+++ AVINGUDA DE GABRIEL ROCA +++

GÈNOVA

So etwas wie Palmas Aussichtsterrasse: Wer im Stadtteil Gènova dem Schild zum Restaurant Miranda folgt, genießt nicht nur das Panorama von Palma mit dem Castell Bellver im Vordergrund, sondern auch den direkten Blick auf den riesigen Kreuzfahrthafen. Hier im Gebiet von Na Burguesa beginnen interessante Routen für Mountainbiker und Trailläufer – wer genügend Kondition hat, kann sich schon auf der steilen Serpentinenstraße warmlaufen.

+++ GÈNOVA. CAMÍ DEL TRAMVIA +++ EMT-BUS 47 CAMÍ DELS REIS (CAMÍ DELS TRAMVIA. 20 MINUTEN GEHZEIT STEIL BERGAUF) +++ GPS-DATEN UNTER MM-ABENTEUER.COM +++

MERCAT 1930

Der jüngste und hipste unter den Gastromärkten Palmas, gelegen im Erdgeschoss des früheren Traditionshotels Mediterranéo am Paseo Marítimo. Die heimischen und exotischen Spezialitäten können vorab an den Ständen reihum in Augenschein genommen werden.

+++ AVINGUDA DE GABRIEL ROCA, 33 +++ EMT-BUS 1 PASSEIG MARÍTIM-AUDITÒRIUM +++ MI-FR AB 17 UHR, SA/SO AB MITTAG, IM SOMMER TÄGL. +++ MERCAT1930.COM +++

SA FARINERA

In einer restaurierten Mühle wird in rustikalem Ambiente deftig aufgetischt, vor allem Fleisch vom Holzkohlegrill. Nichts für den Veggie Day.

+++ CAMÍ DE SON FANGOS, FLUGHAFENAUTOBAHN, AUSFAHRT 10 +++ EMT-BUS 31 CAN ALEGRIA +++ 19-2 UHR +++ SAFARINERA.COM +++

RESTAURANTE ECOVEGETARIA

Eines der gesündesten Mittagsmenüs von Palma in einem einfachen Lokal fernab der Touristenhotspots. Vorspeise, zwei Hauptgänge und Nachtisch nach Wahl für 13,50 Euro.

+++ CARRER COMTE DE BARCELONA, 26 +++ EMT-BUS 7/20 COL·LEGI SANTA CATALINA +++ MO-SA 13-16 UHR, FR-SA AUCH 19.30-24 UHR +++ FACEBOOK.COM/ECOVEGETARIA +++

EDEEN

Schon mal in einer Gärtnerei gefrühstückt? Im Es Berenar gibt es inmitten der Blütenpracht leckere Brotvielfalt mit gesunden Zutaten. Karte nur Spanisch. Besser reservieren!

+++ CARRER DE JOAN MASCARÓ I FORNÉS, 79 +++ EMT-BUS 16 POLIESPORTIU DAVID MUNTANER +++ 9-13 UHR +++ EDEEN.ES/BOUTIQUE-BAR +++

AUSGEHEN

MEGAPARK

Auch wer nicht sein Bier als Zapfsäule bestellen oder mit freiem Oberkörper auf dem Tisch tanzen will, kann ja mal aus Neugier reinschauen – dann, wenn die Mega-Disco nach der Corona-Zwangspause 2020/2021 wieder aufmacht.

+++ CARRETERA ARENAL, 52, PROMENADE HÖHE BALNEARIO 5 +++ EMT-BUS 25/A2 BALNEARI 5 +++ WÄHREND DER SAISON 10-5 UHR +++ MEGAPARK.TV +++

PURO BEACH

Als wäre der Beachclub für einen Werbespot der Kokoskügelchen gebaut worden: weiße Eleganz, Sunset-Atmosphäre, Flugzeuge am Horizont über dem Meer. Exklusives Cocktail-Schlürfen am Pool für alle, die mal so richtig auf ihrem Instagram-Account angeben wollen.

+++ CALA ESTÀNCIA, CARRER PAGELL, 1 +++ EMT-BUS 31/35/A2 CAMÍ DE CAN PASTILLA +++ JE NACH SAISON 11-20 UHR +++ PUROBEACH.COM/ES/BEACH-CLUB-PALMA +++

SHOPPEN

FAN

Das neueste Einkaufszentrum Mallorcas mit ausgeklügeltem Shopping-Konzept auf zwei Freiluftebenen.

+++ AVINGUDA CARDENAL ROSSELL, ANFAHRT ÜBER FLUGHAFENAUTOBAHN MA-19, AUSFAHRT COLL D'EN RABASSA, EMT-BUS 18/23/27/28 FAN +++ MO-SA 10-22 UHR, GASTRONOMIE 12-22 UHR +++ FANMALLORCA.COM +++

COMERÇOS EMBLEMÀTICS

So werden auf der Insel Läden mit langer Geschichte oder traditionsreichem Sortiment genannt. In Palmas Altstadt sind sie leicht zu finden. Dass es auch im Umland Schätze zu entdecken gibt, zeigt ein neues Online-Verzeichnis mit Infos, Fotos und Anfahrt. Kostprobe? Authex: Flor d'Ametler in Marratxí östlich von Palma verkauft Parfum aus Mallorcas Mandelblüte und Naturkosmetik (totherba.com).

+++ EMBLEMATICSBALEARS.ES +++

SCHLAFEN

PURE SALT GARONDA

Das Fünf-Sterne-Hotel ist ein Musterbeispiel für die vielen Häuser an der Playa de Palma, die sich rundum erneuert haben. Die Junior Suite mit Meerblick gibt's ab rund 250 Euro in der Nebensaison.

+++ CARRER DE LA MAR NEGRA, 2 +++ EMT-BUS 25/A2 BALNEARI 8 +++ PURESALTLUXURYHOTELS.COM/ES/GARONDA +++

HOSTAL PINAR

Solide Zimmer für Sparfüchse (DZ ca. 70 Euro in der Hauptsaison), die den Parc de Bellver direkt vor der Haustür für den Morgensport zu schätzen wissen. Für den Weg ins Zentrum von Palma empfehlen sich aber Bus oder Taxi.

+++ CARRER CAMILO JOSÉ CELA, 6 +++ EMT-BUS 4/20/46/47 S'AIGUA DOLÇA +++ HOSTALPINAR.ES +++

3

ES RAIGUER

+++ ERLEBEN +++

VEREINFACHT GESAGT steht Es Raiguer für die Gegend rund um die Stadt Inca, wichtiges Zentrum der Industrialisierung auf Mallorca. Genau genommen ist der Name im Katalanischen die geografische Bezeichnung für den Übergang von der Gebirgslandschaft der Tramuntana hin zum Flachland, dem Pla im Inselinnern. Deswegen reicht Es Raiguer (Betonung auf der letzten Silbe, das u wird nicht gesprochen) auch von der Gemeinde Marratxí, das direkt an Palma angrenzt, bis ins nordöstliche Alcúdia. Das Gebiet mit seinen rund 130.000 Einwohnern hat vielleicht nicht die höchsten Gipfel und längsten Strände zu bieten, dafür aber ganz viel Kultur- und Industrieerbe – von römischen Ruinen über das Töpferhandwerk bis hin zur Schuh- und Lederindustrie.

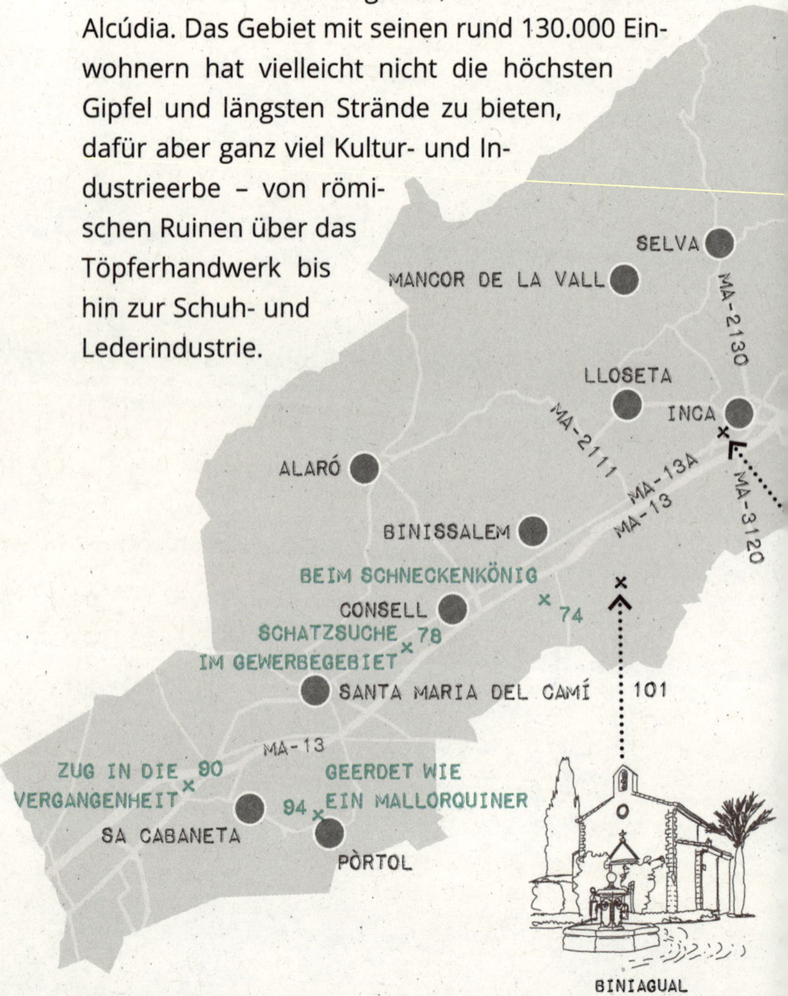

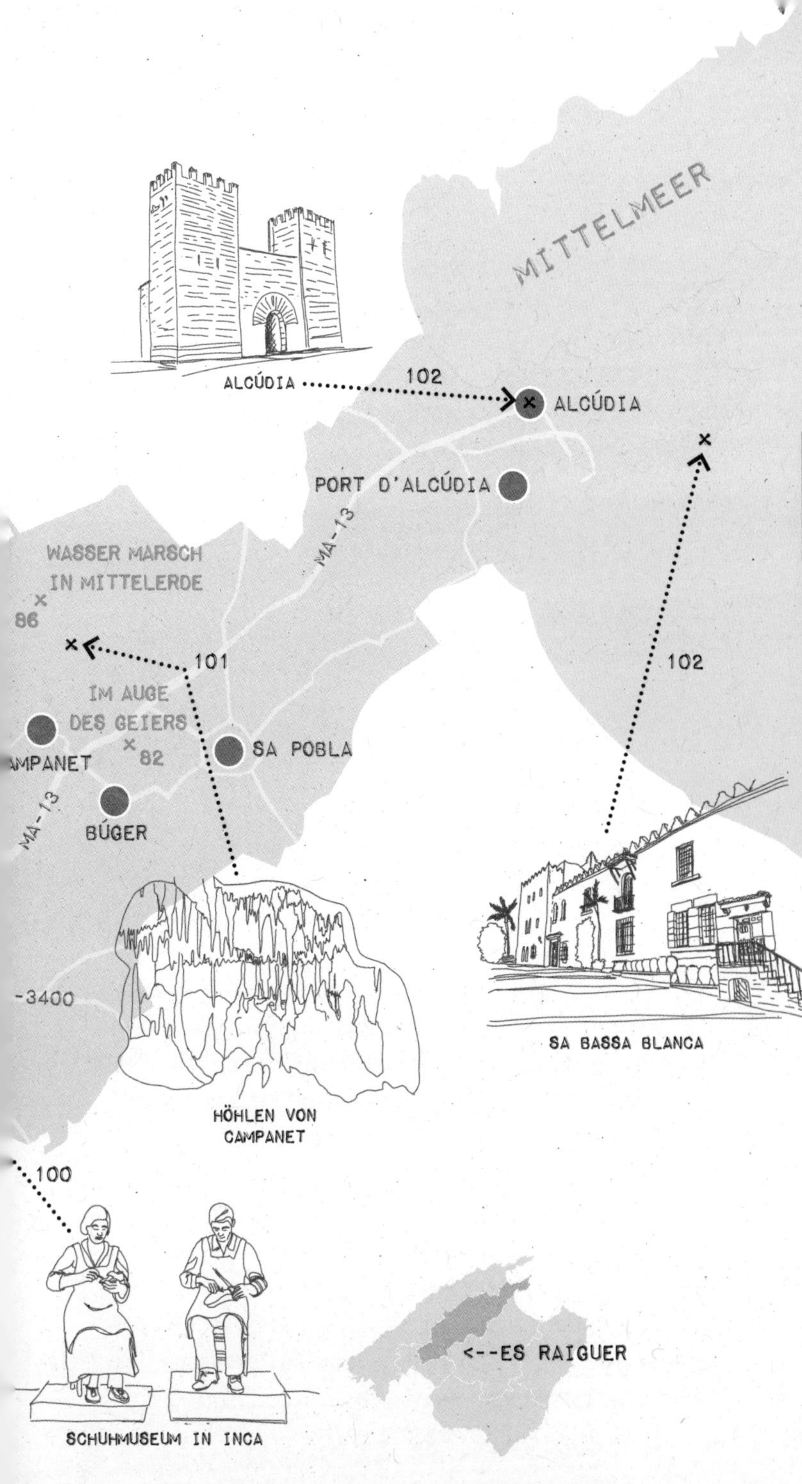
MITTELMEER
ALCÚDIA
102
ALCÚDIA
PORT D'ALCÚDIA
MA-13
WASSER MARSCH
IN MITTELERDE
86
101
102
IM AUGE
DES GEIERS
82
SA POBLA
AMPANET
MA-13
BÚGER
-3400
SA BASSA BLANCA
HÖHLEN VON
CAMPANET
100
SCHUHMUSEUM IN INCA
<--ES RAIGUER

BEIM SCHNECKENKÖNIG

BESUCH UND VERKÖSTIGUNG AUF DER SCHNECKENFARM SA CARAGOLERA

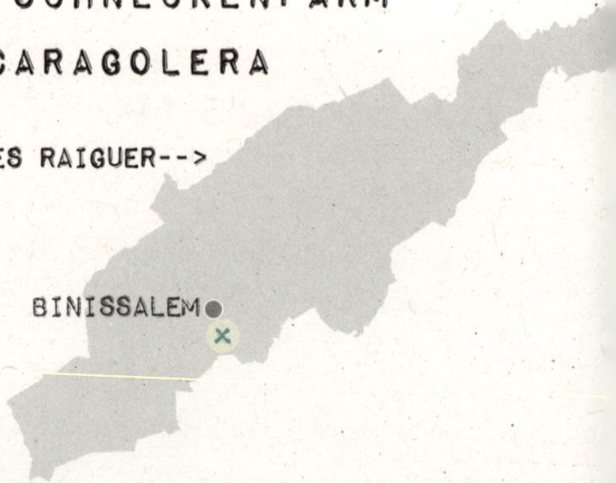

+ + + S T E C K B R I E F + + +

WO? AUSFAHRT BINISSALEM AUF DER INCA-AUTOBAHN MA-13. KURZ VOR BINISSALEM AM SCHILD »SA CARAGOLERA« RECHTS ABBIEGEN. UNTER DER AUTOBAHN DURCH UND DANN LINKS IN DEN HOF FAHREN. ODER EINFACH »SA CARAGOLERA« IN GOOGLE MAPS EINGEBEN +++ WANN? SAMSTAG UND SONNTAG ESSEN UM 14 UHR. FÜHRUNG UM 13.30 UHR. JULI UND AUGUST GESCHLOSSEN +++ WIE LANGE? DREI BIS VIER STUNDEN +++ WIE VIEL? 24 EURO FÜR EIN KOMPLETTES DEGUSTATIONSMENÜ. GETRÄNKE EXTRA, ABER GÜNSTIG +++ WICHTIG! BITTE EINE WOCHE VORHER RESERVIEREN: TEL.: +34 639-37 44 88 (SPANISCH UND ENGLISCH, AUCH PER WHATSAPP). INFO@SACARAGOLERA.COM, SACARAGOLERA.COM/CONTACTO +++

3

NEBEN DEM TELLER liegen nicht nur Messer und Gabel bereit, sondern auch ein Holzstäbchen. Im Gegensatz zu einem chinesischen Restaurant ist es nur ein einzelnes, und es läuft vorne spitz zu. Schon klar, irgendwie muss ja die Schnecke aus ihrem Gehäuse geholt werden. Vor der Probe aufs Exempel gibt es aber erst mal die Vorspeise: Der Kellner bringt Schneckenpaté auf Crackern und *buñuelos de caracoles*, kugelrunde Schneckenkrapfen.

Ich überlege noch, ob mich der Geschmack eher an Leber oder Rindfleisch erinnert, als der erste von drei Hauptgängen kommt: gebratene Schnecken, gleich mehrere Dutzend, in einer großen Schüssel mit Schöpfkelle. Schnell ist die Erste aufgespießt und ploppt aus ihrem Gehäuse. In einen von drei Dips tunken, und ab in den Mund. Was schmecke ich? Die Kräuter des Dips, Grillaroma – und einen schwachen Eigengeschmack, der weiter erkundet werden will.

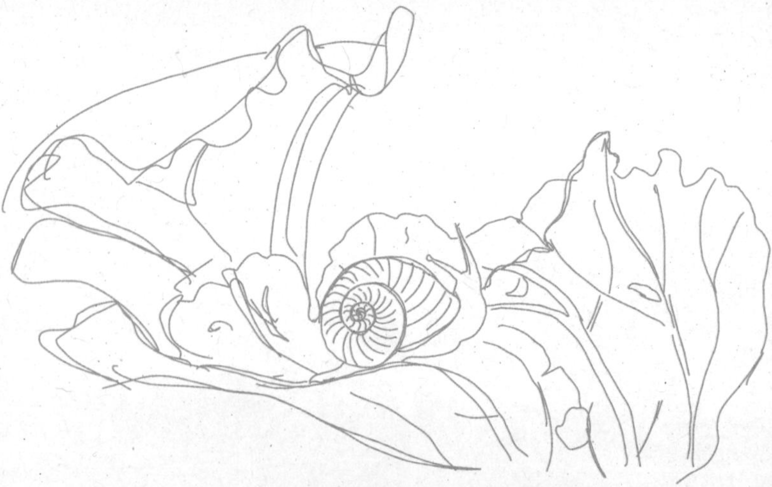

OB SELBST GESAMMELT oder im Restaurant – Schnecken sind auf Mallorca fester Bestandteil des Speiseplans. Auf der Schneckenfarm Sa Caragolera bei Binissalem werden die Tiere gezüchtet, gefüttert und schließlich zubereitet. Neben dem Lokal steht eine Art Gewächshaus, das die Gäste besichtigen können: Auf 1.500 Quadratmetern ernähren sich die Schnecken hier von Kohl, Mangold oder Rettich, leben in Beeten aus Klee und im feuchten Mikroklima, bis sie nach einem Jahr im Kochtopf landen.

Besitzer Miguel erklärt die Anti-Flucht-Einrichtung, eine Begrenzung aus Fett, Seife, Asche und Salz um das Areal. »Aber die Schnecken haben ohnehin alles, was sie brauchen: Futter, Schutz vor Feinden und andere Schnecken zur Paarung.« Auch deren Details erläutert Miguel, etwa, warum das mit dem Zwitterdasein nur die halbe Wahrheit ist und was es mit dem Schneckenkönig auf sich hat: Bei einem solchen Exemplar ist das Gehäuse linksstatt rechtsgewunden. Das ist extrem selten, deswegen machte Miguel 2019 auch mit seinem Schneckenkönig Tomeu international Schlagzeilen. Das Exemplar wurde nach Nottingham geschickt, um sich im Namen der Wissenschaft fortzupflanzen. Miguel zeigt stolz das Gehäuse von Tomeu, das er zur Erinnerung an seine berühmteste Schnecke auf einem Regal aufbewahrt.

NACH DEN GEGRILLTEN SCHNECKEN kommen solche in Sobrassada-Soße auf den Tisch, anschließend weitere auf mallorquinische Art. Die Konsistenz mag gewöhnungsbedürftig sein, schleimig sind die Tiere nicht. »Ist das nicht lecker?«, fragt eine Mallorquinerin am Nebentisch die kleine Tochter. Man muss offensichtlich mit Schnecken aufgewachsen sein, um keine Berührungsängste zu haben. Oder aber man muss einfach mal mutig sein und sie probieren. Denn wer will schon aus dem Urlaub zurückkommen und zugeben, dass er nur Pizza, Pasta und Hamburger gegessen hat? Wer noch weitere Argumente braucht: Es ist nicht nur alles an der Schnecke mit Ausnahme des Gehäuses essbar, sie liefert auch reichlich Eiweiß und Vitamine.
Miguel macht die kulinarische Bekanntschaft mit Schnecken jedenfalls leicht. Außerdem gibt es auch ein Alternativ- und ein Kindermenü ganz ohne Schnecken, wenn etwa die Begleitperson nicht für Experimente zu haben ist. Und der Nachtisch – er wird in der Speisekarte ebenfalls mit Schnecke angepriesen – erweist sich als Ankündigung mit Augenzwinkern: Das Weichtier dient nicht etwa als Zutat des delikaten Kuchens, sondern taucht nur in Form der Puderzucker-Deko auf.

WENN MAN SCHON MAL **HIER** IST:

Der idyllische **Weiler Biniagual** □→ (siehe S. 101) liegt praktisch nebenan. Vor dem Schneckenschmaus bietet sich zudem ein Besuch in der Gemeinde Marratxí an, gelegen zwischen Palma und Binissalem. Hier gibt es Töpfereien (siehe S. 94) sowie einen Eisenbahnpark (siehe S. 90) zu entdecken (Öffnungszeiten beachten!). Nach dem üppigen Mahl sollte man sich lieber nicht zu viel vornehmen.

SCHATZSUCHE IM GEWERBEGEBIET

AUF MALLORCAS GRÖSSTEM TRÖDELMARKT IN CONSELL

+ + + STECKBRIEF + + +

WO? CONSELL, GEWERBEGEBIET, ANFAHRT ÜBER INCA-AUTOBAHN MA-13, AUSFAHRT CONSELL. NOCH VOR DER ORTSEINFAHRT RECHTS INS »POLÍGON INDUSTRIAL« +++ ZUG T1/T2/T3 CONSELL ALARÓ ESTACIÓ. VON DORT TIB-BUS 342 CONSELL +++ WANN? SONNTAGS ZWISCHEN 9 UND 13 UHR +++ WIE LANGE? ZWEI BIS DREI STUNDEN +++ WIE VIEL? JE NACH KAUFLUST UND VERHANDLUNGSGESCHICK. PARKPLATZGEBÜHR 1 EURO +++

DER BLICK VERWEILT einen Moment zu lange auf einer Umhängetasche, und schon ist der Verkäufer da. »Ganz schön retro, was? Die ist aus der Zeit, als wir Spanier ausgezogen sind, um die Welt zu kolonisieren«, übertreibt er und plaudert munter weiter – seine Strategie der Verkaufsförderung.

Die Konkurrenz ist schließlich groß auf dem Trödelmarkt in Consell. Geschirr aus allen Jahrzehnten des vergangenen Jahrhunderts, Heiligenbilder, Münzen, Schallplatten, Rollcontainer zum Servieren von Flugzeugessen, historisches Werkzeug, Uniformmützen mit Hakenkreuz, in der Sonne glitzernde Paillettenkleider, die am Zaun vor den Industriesilos drapiert sind – wilder könnte die Mischung an den bestimmt 200 Ständen im Gewerbegebiet nicht sein. Die meisten Verkäufer lassen denn auch die Ware für sich wirken, sind beständig mit Aufstellen und Umräumen beschäftigt, lesen Zeitung und rufen nur ab und an: »Todo barato, amigo« – »Alles günstig, mein Freund!«

DER MERCADILLO VON CONSELL ist eine Institution. Hier bauen Hobbyantiquare, Rentner, Immigranten und Lebenskünstler jeden Sonntag ihre Stände auf, und fündig werden sie alle: Second-Hand-Fans mit Lust am Feilschen. Zweithausbesitzer, die ihr Heim verschönern wollen. Und warum nicht auch Urlauber, die ein echtes Insel-Souvenir suchen? Wie wäre es mit einem Kartoffelsack aus Sa Pobla mit Retro-Aufdruck als Wandschmuck? »Einer 3 Euro, zwei 5 Euro«, sagt die Verkäuferin. Oder mit kolorierten Postkarten? Oder mit einem traditionellen Siphon zur Herstellung von Sodawasser? Okay, das steinerne Straßenschild ist zu schwer für den Koffer, aber vielleicht ein Nummernschild von der Insel? Es reicht die Frage »¿Cuánto vale?« (»Wie viel kostet das?«), und schon beginnt das Verkaufsgespräch.
Es ist erst 10 Uhr morgens, doch der Duft von Gegrilltem zieht bereits durch die Straße. Beschallt werden wir mit *Stayin' Alive* und der *Bohemian Rhapsody*, auch mit spanischem Schlager. Hier ist eben alles ein bisschen retro. Es gibt noch CDs statt Playlists, analoge Kameras statt Handys. Was für die einen der Krempel von anno dazumal ist, weckt bei anderen nostalgische Erinnerungen.

MEINE BEGLEITUNG hat Schallplatten von Madonna erstanden, und wir sitzen in einer Bar des Gewerbegebiets, wo wir ähnlich wie die Menschen an den Nebentischen bei einem Kaffee und Imbiss unsere Einkäufe begutachten. Es ist eben eine echte Herausforderung, zwischen all dem Trödel die echten Schätze zu finden! Gut, dass wir früh gekommen sind – denn die Sonne sticht an diesem Maitag, und als wir zum Parkplatz zurückgehen, hat sich an der Einfahrt eine lange Autoschlange gebildet. Die Anfahrt hierher ist noch einfacher, seit Consell eine neue Autobahnausfahrt hat, die direkt ins Gewerbegebiet führt. Aber wer fährt jetzt noch weiter in den Ort mit seinem Dorfplatz und den Bars hinein, wenn sich die eigentliche Attraktion zwischen den schmucklosen Industriehallen befindet?

Sogar zwischen den geparkten Autos versucht ein Verkäufer sein Glück. »Albaricoques baratos!«, krächzt er, vor sich eine voll beladene Schubkarre. »Günstige Aprikosen!« Einige Besucher kehren vollbepackt zum Auto zurück, aber nicht alles ist so leicht zu transportieren: Neben uns stopft ein Mann sperrige Stühle auf die Rückbank. Mal schauen, ob er noch die Tür zubekommt …

WENN MAN SCHON MAL **HIER** IST:

Wer sich nach dem Marktbesuch authentisch stärken will, könnte ein Schneckenmahl in **Binissalem** □→ einplanen (siehe S. 74, nur mit rechtzeitiger Voranmeldung). Binissalem ist das Herz von Mallorcas Weinanbau. Hier können Bodegas besichtigt und Weine der geschützten Herkunftsbezeichnung DO Binissalem probiert werden (binissalemdo.com). Es gibt sogar ein Weinbähnchen (mallorcawinetours.com).

IM AUGE DES GEIERS

IN DER AUFZUCHT- UND PFLEGESTATION DER BEDROHTEN TIERE

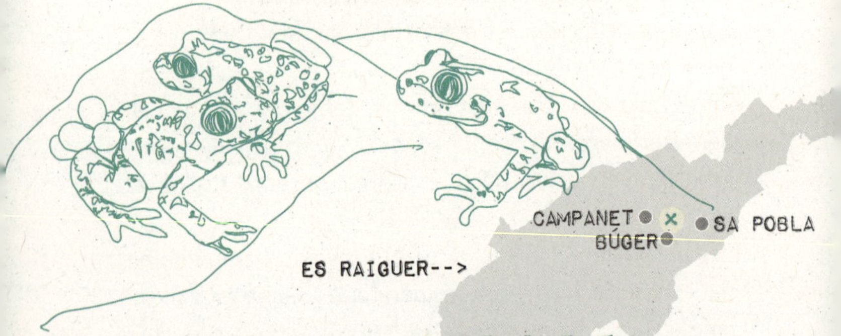

+ + + STECKBRIEF + + +

WO? ZENTRUM ZUR ERHALTUNG DER MEDITERRANEN TIERWELT (CCVSM), CAMPANET, CAMÍ DE NA PONTONS +++ VON PALMA KOMMEND: VON DER INCA-AUTOBAHN MA-13 NACH AUSFAHRT 35 BEI DER TANKSTELLE ABFAHREN, DIREKT RECHTS ABBIEGEN UND DEM SCHILD »FUNDACIÓN VOLTOR NEGRE« FOLGEN +++ VON ALCÚDIA KOMMEND: AUSFAHRT 37, IM KREISVERKEHR RICHTUNG SA POBLA, DANN DEM SCHILD »FUNDACIÓN VOLTOR NEGRE« FOLGEN +++ WANN? MONTAG, FREITAG UND ERSTER SAMSTAG DES MONATS UM 9.30 UHR, 11 UHR ODER 12.30 UHR NACH VORHERIGER ANMELDUNG (EDUCACION@PROCUSTODIA.ORG, TEL. +34 971-57 58 80, FVSM.EU) +++ AKTUELLE INFOS AUF INSTAGRAM (@FVSMEDITERRANEA) +++ WIE LANGE? ANDERTHALB STUNDEN +++ WIE VIEL? EINTRITT FREI, SPENDEN WILLKOMMEN +++

MEIN ERSTER BLICK fällt auf den blutigen Kadaver eines Schafes. Die Rippen liegen bloß, Fliegen umkreisen ihn, Fleischfetzen liegen umher. Der Hunger der Geier ist offenbar gestillt. Träge sitzt einer von ihnen ein paar Meter entfernt, auf einem am Waldboden liegenden Baumstamm. Die Besucher im Dunkel der Warte neben mir beobachten jede seiner Bewegungen durchs Fernglas und kommentieren sie flüsternd: Der Geier lässt seinen Kopf im Bauchgefieder verschwinden, dann streckt er die gewaltigen Flügel, erst den linken, dann den rechten.

Fliegen kann der Gänsegeier nicht mehr, genauso wenig wie die zwei Mönchsgeier, die weiter hinten zwischen den Bäumen im nach oben offenen Gehege von Mallorcas Geier-Stiftung FVSM sitzen. Es ist so etwas wie ein Alters- oder Pflegeheim. Vögel dagegen, die gesund gepflegt und wieder ausgewildert werden können, haben keinen Kontakt zu Besuchern.

DER ARBEIT DER STIFTUNG unter der Deutsch-Österreicherin Evelyn Tewes ist es maßgeblich zu verdanken, dass es den Mönchsgeier auf Mallorca überhaupt noch gibt. Mitte der 1980er-Jahre waren nur noch knapp zwei Dutzend übrig, darunter ein einziges Brutpaar. Die Jagd, Giftköder und unwissende Ausflügler hatten die weltweit einzige Inselpopulation fast ausgerottet, erklärt uns Helferin Sophia. Heute sind es wieder mehr als 200 Mönchsgeier, dank der Programme zur Auswilderung und strengerer Tierschutzauflagen. Die Situation bleibt aber heikel: Die monogamen Weibchen legen nur ein Ei im Jahr – und wenn das Paar beim Brüten gestört wird, dann gibt es das Nest auf.

Damit das nicht passiert, wurden Schutzzonen im Gebirge eingerichtet – einige dürfen von Wanderern gar nicht betreten werden, für andere gelten strenge Regeln während der Brutzeit im Frühjahr. Für Neugierige hat man stattdessen eine Webcam installiert, um den Live-Blick auf ein Nest zu streamen – ein Projekt, bei dem allerdings mal die Technik, mal die Vögel nicht mitspielen. Wer also von den Möchsgeiern mit ihren bis zu drei Metern Flügelspannweite mehr sehen will als die kreisenden Silhouetten am Himmel (siehe Abenteuer S. 158), kommt am besten ins Zentrum der Stiftung.

WAS MAN IN DER NATUR nicht beobachten kann – von der Paarung über das Brüten bis hin zu den ersten Flügelschlägen des Nachwuchses –, ist in einem kurzen Film aufbereitet. Danach steht Sophia für den Rundgang bereit und beantwortet unsere Fragen. An einem Skelett führt sie etwa aus, warum der größte Greifvogel Europas kaum flattert, sondern zum Fliegen auf die Thermik angewiesen ist. Mehrsprachige Wandtafeln listen weitere bedrohte Tiere wie die Mallorca-Geburtshelferkröte (*ferreret*) auf, aber auch eingeschleppte Arten, die sich auf der Insel unkontrolliert ausbreiten, vom Mönchssittich über den Palmrüssler bis hin zur argentinischen Ameise.
Auch die Ziele der Stiftung FVSM sind heute umfassender: Es geht nicht mehr nur um die Mönchsgeier, sondern um den Erhalt der Tramuntana als traditionellen Lebensraum. Herzstück des Projekts ist ein rund tausend Hektar großes Anwesen, das 2011 ein peruanisch-schweizerisches Ehepaar der Stiftung übertrug, das Landgut Ariant bei Pollença. Kleine Gruppen dürfen es besuchen – freilich stets mit ausreichend Abstand zu den Brutstätten.

WENN MAN SCHON MAL **HIER** IST:

Die Stiftung hat auch geführte Wanderungen auf Deutsch sowie Ausflüge zum mediterranen Garten von **Ariant** ⇨ im Programm – die Guides wissen, wo die Chancen auf Geier-Sichtungen gut sind. Ebenfalls in der Gemeinde **Campanet** liegen die Quellen von **Ses Fonts Ufanes** (siehe folgendes Abenteuer). Über denselben Weg erreichbar sind die Höhlen von **Campanet** (siehe S. 101). Im nahe gelegenen **Inca** (rund zehn Autominuten) ist ein Abstecher ins **Schuhmuseum** möglich (siehe S. 100).

WASSER MARSCH IN MITTELERDE

SES FONTS UFANES IM STEINEICHENWALD VON CAMPANET

+ + + STECKBRIEF + + +

WO? ANFAHRT ÜBER DIE INCA-AUTOBAHN MA-13, AUSFAHRT 37 (SA POBLA/ULLARÓ). DEN SCHILDERN »SES FONTS UFANES« FOLGEN +++ VOM PARKPLATZ AUS RUND 20 MINUTEN FUSSWEG +++ TIB-BUS L314 CAMPANET (35 MINUTEN ZUSÄTZLICHER FUSSWEG) WANN? DAS LANDGUT IST TÄGLICH VON 10 BIS 17 UHR GEÖFFNET +++ WIE LANGE? DREI BIS VIER STUNDEN +++ WIE VIEL? KOSTENLOS +++ WICHTIG! WER SICHERGEHEN WILL, DASS DIE QUELLEN SPRUDELN, KANN EINE INFO-HOTLINE ANRUFEN (+34 971-17 76 45 ODER +34 971-51 70 83) +++

»BADEN VERBOTEN« gebietet ein Schild an dem Steg, der über den Sturzbach führt. Wozu? Das Bachbett war vollkommen trocken, als ich vor genau drei Tagen an derselben Stelle stand, hier, auf dem Landgut Gabellí Petit bei Campanet. Heute, nach intensiven Regenfällen, rauscht ein wilder Bach durch den Torrente. 70 Zentimeter zeigt eine Pegellatte neben dem Steg an.

Der Sturzbach fließt direkt aus dem dichten Steineichenwald. Ich folge dem Weg hinein, auf der Suche nach dem Ursprung. Zehn Minuten später stehe ich direkt davor. Das Wasser taucht einfach so aus dem Waldboden auf – im wortwörtlichen Sinne. Es quillt an mehreren Stellen zwischen Steinen, Moos und Eicheln hervor, vereint sich zu einem Bächlein, das sich sprudelnd zwischen den Bäumen Bahn bricht und fast so intensiv rauscht, als wäre dieser Ort eine Klamm.

SES FONTS UFANES – wörtlich: die »stolzen Quellen« – erklären sich geologisch folgendermaßen: Das Regenwasser, das auf die umliegenden Berghänge fällt, sammelt sich beim unterirdischen Ablauf ins Tal zunächst in einem natürlichen, ebenso riesigen wie lehmhaltigen Depot im Erdreich. Ist dieses voll, bricht das Wasser durch den durchlässigen Waldboden an die Oberfläche, oft mit mehr als 40 Kubikmetern pro Sekunde. Dass es Regen- und kein Schmelzwasser ist – in diesen Januartagen hat es in Mallorcas Bergen geschneit – merke ich auch, als ich meine Hand in die Wasserwirbel halte. Besonders kalt ist es nicht.

Ein Stück kann ich am Wasser entlanglaufen, dann verstellen Bäume und Sträucher den Weg. Zeit für eine Rast am Ufer, solange es dieses gibt. Es ist Montag, die anderen Ausflügler, die Fotos schießen oder auf Felsbrocken picknicken, verlieren sich zwischen den vermoosten Stämmen. Fehlen nur noch die schräg einfallenden Strahlen der Wintersonne. Aber auch so herrscht ein Zauber wie in Mittelerde. Tauchten Elben oder Hobbits zwischen den Bäumen auf, es würde ins Bild passen.

AUF DIE MAGIE im Steineichenwald dürfen sich Sommerurlauber keine Hoffnungen machen. Denn es muss mehrere Tage heftig geregnet haben, damit Ses Fonts Ufanes sprudeln – um einige Tage später genauso plötzlich wieder zu versiegen. Dafür mag das Sprudelwunder zu einem Trostpflaster für eine verregnete Mallorca-Woche im Frühjahr, Herbst oder Winter werden.

Der Rundweg führt weiter durch den Wald. Er ist ausgeschildert – das rund 50 Hektar große Landgut gehört inzwischen der öffentlichen Hand. Der Kauf wurde 2005 mit einer symbolträchtigen Kabinettssitzung mitten im Steineichenwald in Szene gesetzt, und die Fonts Ufanes sind neben der Felsenschlucht Sa Calobra eines von zwei geschützten Naturdenkmälern auf Mallorca.

Während ich zum Auto zurückgehe, fließt das Wasser weiter, durch die Sturzbäche Teló und Sant Miquel bis zur s'Albufera an der Nordostküste der Insel. Dort wird es dringend gebraucht, das Feuchtgebiet ist von Austrocknung und Versalzung bedroht.

WENN MAN SCHON MAL **HIER** IST:

Praktisch nebenan befinden sich die Höhlen von **Campanet** □→ (siehe S. 101) – sie sind von hier aus ausgeschildert, einfach auf der Straße weiterfahren. Nach starken Regenfällen lohnt sich zudem ein Ausflug nach **Salt des Freu** (siehe S. 104). Direkt gegenüber, auf der anderen Seite der Inca-Autobahn, befindet sich die Stiftung zum Erhalt der Mönchsgeier (siehe S. 82).

ZUG IN DIE VERGANGENHEIT

EIN VERSTECKTER EISENBAHNPARK IN KLEIN UND GROSS

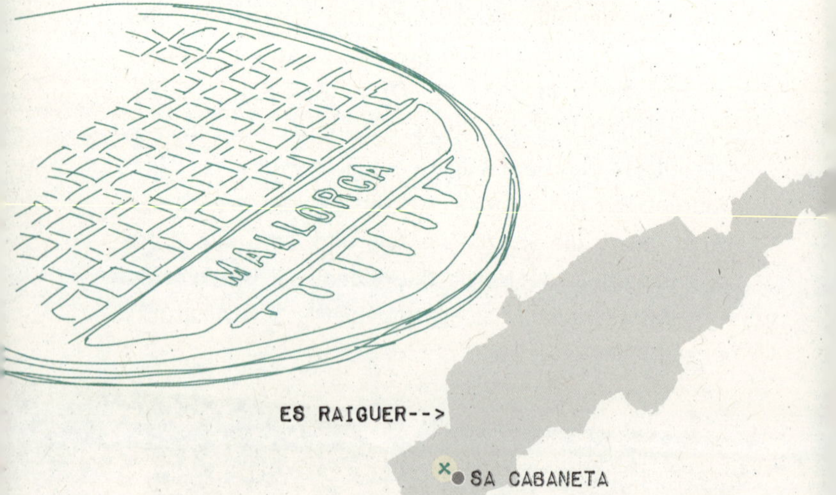

+ + + STECKBRIEF + + +

WO? GEMEINDE MARRATXÍ. AUTOBAHN PALMA-INCA (MA-13). KM 7.1. AUSFAHRT 8: PARKEN AM MALLORCA FASHION OUTLET. DANN AM MÖBELHAUS HIPERMUEBLE DEM SCHILD »PARC FERROVIARI« DURCH DIE UNTERFÜHRUNG FOLGEN +++ ZUG T1/T2/T3 ES CAÜLLS (MALLORCA FASHION OUTLET) +++ WANN? SONNTAGS VON 10 BIS 14 UHR +++ WICHTIG! ÖFFNUNGSZEITEN NICHT IN STEIN GEMEISSELT. KONTAKT: ROBERTO RUEDA. PENTECONTERA@GMAIL.COM. CFVM.ES +++ WIE LANGE? ZWEI BIS DREI STUNDEN +++ WIE VIEL? KOSTENLOS. SPENDE VON 2.50 EURO BEI MITFAHRT +++

DIE BASTELEI AN ALTEN LOKS. Waggons und Schienen nimmt offenbar so viel Energie in Anspruch, dass für Öffentlichkeitsarbeit keine Zeit mehr bleibt. Zwischen den großen Lettern von Bau-, Möbel- und Supermärkten weist nur ein kleines Schild auf den Parc Ferroviari hin, der versteckt zwischen Gewerbegebiet und Outlet-Zentrum liegt. Roberto öffnet uns das Tor, und es tut sich auf rund 25.000 Quadratmetern eine Welt auf, die sein Verein der Eisenbahnfreunde in mehr als zehn Jahren erschaffen hat. Genau genommen ist es eine Dauerbaustelle, und unter den Blicken der Besucher wird weitergewerkelt.

Ich habe meine Eltern dabei, und mein Vater, ein pensionierter Lokführer, versteht sich auch ohne Spanischkenntnisse sofort mit dem Mallorquiner. Zumal Roberto die deutsche Eisenbahnkultur bewundert und viele Fachbegriffe auf Deutsch parat hat.

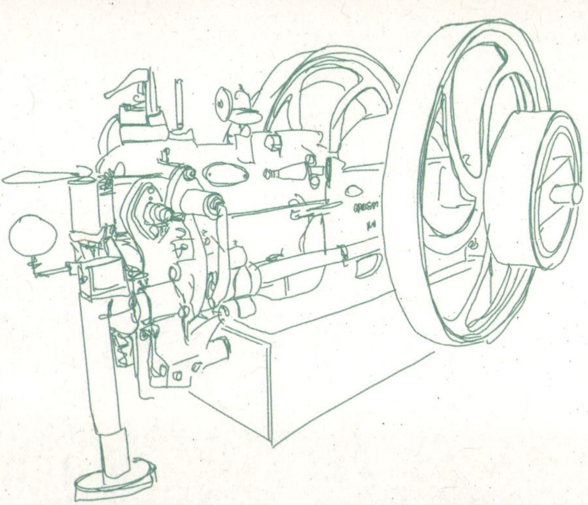

NICHT NUR NOSTALGIKER, auch Kinder staunen: Die Eisenbahn gibt es hier in allen Größen. Prunkstück ist eine historische Dampflok. Sie wurde aus Ponferrada (Kastilien-León) auf die Insel geschafft und praktisch vollständig restauriert, weil Mallorcas baugleiche Exemplare alle verschrottet worden waren. Tiefschwarz und grün glänzend steht die Baldwin Nr. 6 von 1919 im Zentrum des Parks.

Daneben gibt es 5-Zoll- und 7-Zoll-Modellbahnen – maximal kniehohe Züge, die auf einem mehr als einen Kilometer langen Schienennetz fahren. Es sind Repliken, die »Waldenburg« lässt sich wie das Schweizer Original mit Kohle befeuern. Das Mitfahren funktioniert freilich anders als bei den Originalen: Wir nehmen oben auf den mit Sitzbänken und Fußleisten versehenen Waggons Platz, und der Zug fährt los.

Und dann ist da noch das Erbe eines deutschen Rentners, der hier bis zu seinem Tod ebenfalls mit anpackte. Das Ergebnis: ein Schienennetz für eine Lehmann-Groß-Bahn. Die Strecke der kleinsten Eisenbahn des Parks führt auf einer schmalen Steintrasse an Mini-Häuschen mit bunten Dächern vorbei. »Wir haben uns um das Begräbnis und eine Gedenktafel für unseren deutschen Freund gekümmert«, erzählt Roberto, »er hatte sonst niemanden auf der Insel.«

EIGENTLICH GENAUSO SPANNEND wie die restaurierten Originalstücke und die Repliken ist das Eisenbahnerbe, das nicht ausgestellt werden kann. Mallorcas früher gut ausgebautes Eisenbahnnetz wurde 1964 weitgehend stillgelegt. Das nicht mehr benötigte Eisen von Zügen und Schienen fand Verwendung bei der Herstellung von Kanaldeckeln, berichten die Eisenbahnfreunde verbittert. Wer sich für das Industrieerbe Eisenbahn interessiere, dem bleibe nur ein Spaziergang durch Palma mit Blick auf den Boden …

Umso symbolträchtiger ist das Vorhaben, die Baldwin Nr. 6 wieder fahren zu lassen. Doch für den Betrieb müsste der Kessel der Dampflok restauriert werden, meint Roberto. Praktischerweise führen die Gleise der heutigen Bahnstrecke Palma-Inca direkt am Park entlang. Und wenn der Zug pfeifend vorbeirauscht, ist das wie eine Erinnerung, dass es hier noch viel zu tun gibt.

Am Ende bekommen wir ein Souvenir mit auf den Weg: ein kleines Stück Schiene, das schwer in der Hosentasche wiegt.

WENN MAN SCHON MAL **HIER** IST:

Gleich nebenan und nicht zu übersehen ist das **Mallorca Outlet Center**, eine Art Retorten-Städtchen für Schnäppchenjäger. Bei den Einheimischen heißt es noch immer **Festival Park** (täglich 10–22 Uhr, Restaurants bis 23.45 Uhr, mallorcafashionoutlet.com). In der Nähe einkehren lässt es sich auch im traditionellen **Sa Sini** oder bei Tapas im **Local N° 2** (siehe S. 105). Auf der anderen Seite der Autobahn gibt es Töpferkunst ⇨ (siehe folgendes Abenteuer).

GEERDET WIE EIN MALLORQUINER

AUF DER TÖPFERROUTE VON MARRATXÍ

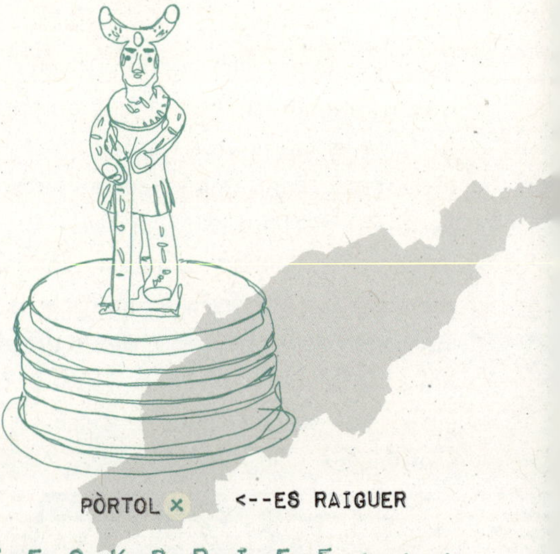

+ + + S T E C K B R I E F + + +

WO? GEMEINDE MARRATXÍ, ORTSTEILE SA CABANETA UND PÒRTOL +++ ZUG T1/T2/T3 ESTACIÓ MARRATXI (ES FIGUERAL). ANSCHLIESSEND WEITER MIT DEM TIB-BUS 341 (HALTESTATIONEN UNTER BIT.LY/TIB-MARRATXI) +++ WANN? DIE MEISTEN LÄDEN ÖFFNEN IN DER ZEIT VON 10 BIS 13 UHR UND VON 15 BIS 19 UHR, SAMSTAGS NUR VORMITTAGS +++ WICHTIG! KARTE: VISIT.MARRATXI.ES/TOEPFEREIROUTE, TÖPFEREIEN: VISIT.MARRATXI.ES/TOEPFEREIEN +++ WIE LANGE? IDEAL FÜR EINEN VORMITTAG ODER NACHMITTAG +++ WIE VIEL? KOSTENLOS, ABER WER KERAMIK MAG, WIRD GARANTIERT FÜNDIG +++

DIE KLEINE NEBENSTRASSE führt mich direkt in den Laden – oder in die Werkstatt, so genau lässt sich das nicht unterscheiden. Irdenes Geschirr in unterschiedlichen Fertigungsstadien steht in Regalen, rotbrauner Staub überzieht das herumliegende Werkzeug, auch die unverputzten Marés-Wände, den Boden, die gesamte Töpferei Can Vent. Ich folge dem Summen eines Elektromotors, es kommt vom Antrieb der Töpferscheibe, die sich in einem versteckten Winkel dreht.

Unter den Händen von Toni nimmt ein wuchtiger Kochtopf Form an. »Den können die Urlauber leider nicht mitnehmen, der gilt nicht als Handgepäck bei Ryanair«, meint der Töpfermeister verschmitzt, tunkt seine Hand in eine erdverschmierte Wasserschüssel und drückt anschließend den Daumen in den weichen, rotierenden Ton. Nein, diese Greixonera wird auf Mallorca bleiben und in einem mallorquinischen Haushalt dazu dienen, mallorquinische Gerichte zuzubereiten.

CAN VENT IST TEIL der Töpferroute, die die Gemeinde Marratxí ausgewiesen hat. Überall auf dem Weg in den Gemeindeteilen Sa Cabaneta und Pòrtol stoße ich auf Schautafeln, auf denen neben dem Museum und der Keramikschule die Familienbetriebe verortet sind, die schon seit Generationen bestehen. Dennoch verirren sich nur wenige Urlauber auf die Ruta del Fang – schließlich gibt es tönerne Teller, Tassen oder Aschenbecher auch im Souvenirladen in Palma. Aber Achtung: Auf ihnen steht zwar »Mallorca« geschrieben, sie werden jedoch größtenteils in China hergestellt.
Ganz anders das Sortiment in den Olleries von Marratxí: ein Olivenöl-Spender, Kochgeschirr für Eintopf- und Suppengerichte in allen Größen, ein Schälchen für Oliven mit integriertem Unterteller für die Kerne – der Gang durch die Regale ist auch ein Schnupperkurs in traditioneller mallorquinischer Esskultur, die weiter hochgehalten wird. »Wir arbeiten den Boden der Töpfe ganz eben, damit es keine Probleme auf Glaskeramikkochfeldern gibt«, erklärt Toni. Die flachen Töpfe seien denn auch der Verkaufsschlager, nicht nur im Laden, sondern auch auf den Messen in den Dörfern, den fires, wohin die Töpfer von Marratxí eine Auswahl ihres Sortiments karren.

DEUTLICH BUNTER geht es in der ebenso versteckt liegenden Töpferei Sa Roca Llisa ein paar Straßen weiter zu. Schüsseln mit dezenten Linien, Becher mit farbigem Innern, buntgesprenkelte Eierbecher und Butterdosen – traditionell und mit neuen Ideen gestaltete Stücke füllen gleichermaßen die Regale. Nicht umsonst gibt es inzwischen einen jährlich stattfindenden, renommierten Designwettbewerb, und Höhepunkt des Töpferjahres ist die Fira del Fang, eine neuntägige Messe in Sa Cabaneta im März, zu der auch Keramiker aus dem Ausland anreisen.
In Sa Roca Llisa stapeln sich zwischen Laden und Werkstatt auch Gefäße, die noch nicht glasiert und gebrannt sind. Wie wäre es mit einer individuellen Beschriftung? Gegen einen kleinen Aufpreis kein Problem – gängiges Geschirr brenne man alle paar Tage, sagt die Töpferin und notiert die Namen des Paares, das ich beschenken will, in eine dicke Kladde. Ich habe mich für eine Greixonera entschieden, erdfarben und mit der inseltypischen, verschlungenen Beschriftung in leuchtendem Gelb. Es ist eine kleinere Version, die durchaus in den Koffer passen sollte.

WENN MAN SCHON MAL **HIER** IST:

Wer sich für die Keramikgeschichte interessiert, erfährt mehr im **Museu del Fang** □→, untergebracht in einer ehemaligen Windmühle (Carrer del Molí, 4, Mo–Fr 10–14 Uhr, Eintritt frei). Für einen Kaffee oder Imbiss bietet sich die **Bar Cas Tord** an der Hauptstraße von **Pòrtol** an (Carrer Major, 73). Sie wurde mit Respekt für die frühere Optik modernisiert und erweitert, donnerstags ab 20 Uhr gibt es dort Tapas.

WENN MAN SCHON MAL IN DER GEGEND DES ES RAIGUER IST

+++ SEHEN +++
+++ AUSSPANNEN +++
+++ WANDERN +++
+++ ESSEN +++
+++ SHOPPEN +++
+++ SCHLAFEN +++

SEHEN

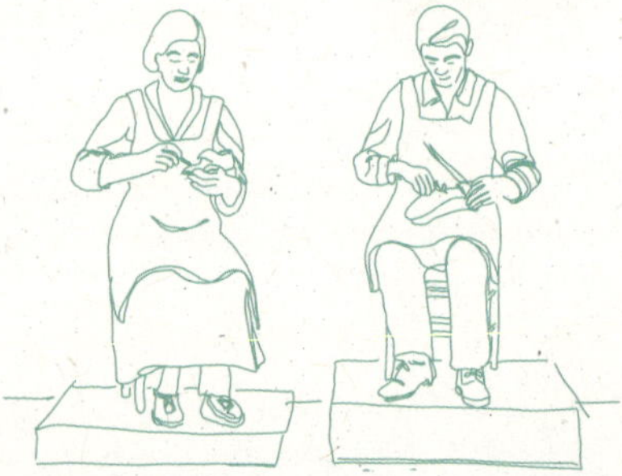

SCHUHMUSEUM IN INCA

Warum die drittgrößte Stadt Mallorcas den Beinamen Lederstadt hat, erfährt man im Museu del Calçat i de la Indústria. Das kleine, aber mit großem Engagement der Gemeinde und modernem Konzept erst 2018 eingerichtete Museum zeigt die für Es Raiguer so wichtige Schuhindustrie von ihren Anfängen im 13. Jahrhundert über die Industrialisierung bis hin zu Marken und Betrieben, die bis heute existieren. Die meisten Maschinen, Werkzeuge, Schuhe, Dokumente und Fotografien sind Leihgaben von Firmen und Personen aus der Region oder wurden dem Museum gespendet.

+++ MUSEU DEL CALÇAT I DE LA INDÚSTRIA +++ INCA, AVINGUDA DEL GENERAL LUQUE, 223 +++ ZUG T1/T2/T3 INCA +++ MO–SA 9–14 UHR, FEIERTAGS GESCHLOSSEN +++ MUSEU.INCACIUTAT.COM +++ EINTRITT FREI +++

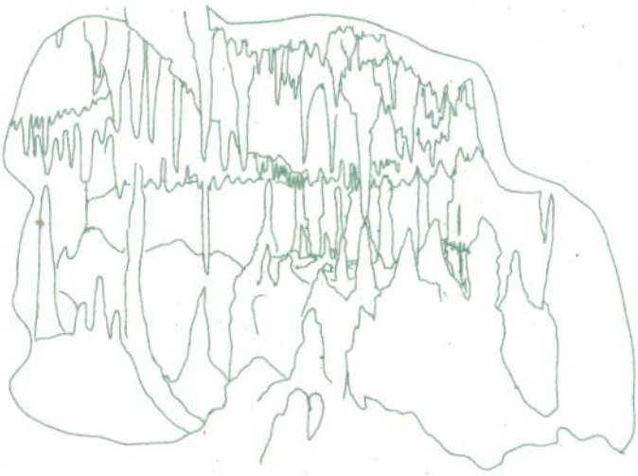

⇠☐ HÖHLEN VON CAMPANET

Es ist nicht die größte Tropfsteinhöhle Mallorcas, aber sie kommt ohne Kitsch, Musik und Brimborium aus, anders als andere Höhlen der Insel. Die Stalaktiten und Stalagmiten werden auch nicht farbig, sondern neutral angestrahlt – sie erinnern mich an Winterlandschaften. Die Führung durch die rund 3.200 Quadratmeter große Höhle dauert rund 40 Minuten.

+++ COVES DE CAMPANET +++ AUTOBAHN PALMA-SA POBLA, AUSFAHRT 37 +++ TÄGLICH 10 BIS 14 UHR. BEI REDAKTIONSSCHLUSS WAREN DIE FÜHRUNGEN AUSGESETZT +++ 15 EURO, KINDER 8 EURO +++ COVESDECAMPANET.COM +++

BINIAGUAL ☐⇢

Der Weiler, ursprünglich eine Gründung der Mauren, besteht nur aus einem guten Dutzend Häusern, einer Kapelle und einer Bodega. Im 18. und 19. Jahrhundert war er Anbauort für Wein und Olivenöl, im 20. Jahrhundert wurde Biniagual aufgegeben und zerfiel – bis es die deutsche Unternehmerfamilie Graf in den 1960er-Jahren erwarb und restaurierte. Das Ergebnis ist Mallorca-Idylle aus dem Bilderbuch inklusive einer renommierten Bodega gleichen Namens. Möglichkeit zur Weinprobe in der Vinoteca.

+++ ANFAHRT ÜBER INCA-AUTOBAHN MA-13, AUSFAHRT BINISSALEM, ODER ÜBER SENCELLES +++ FINCA-BINIAGUAL.COM +++

3

ALCÚDIA

Von den Siedlungen der Römer auf Mallorca – Palma, Pollentia, Guium und Tuccis – ist abgesehen von ihren Namen wenig geblieben, außer im Fall von Pollentia. Überbleibsel wie Mauern, Säulen und Reste eines Amphitheaters lassen sich bei Alcúdia begutachten und in einem Museum verstehen. Sehr viel jünger und besser erhalten ist die Stadtmauer, einige Hundert Meter sind inzwischen begehbar.

+++ CIUTAT ROMANA DE POLLENTIA +++ ALCÚDIA, AVINGUDA PRÍNCEPS D'ESPANYA +++ TIB-BUS 302/322/324/ A32 POL·LÈNTIA +++ MO-FR 9.30-20.30 UHR, SA/SO 10-14.30 UHR, IM WINTER DI-SA 9.30-15 UHR +++ KOMBITICKET MIT MUSEU MONOGRÀFIC DE POLLENTIA (CARRER DE SANT JAUME, 30) 4 EURO +++

SA BASSA BLANCA

Was früher ein Gutshof war, beherbergt heute das wohl originellste Museum der Insel. Von der Sammlung historischer Kinderporträts über den Skulpturenpark bis hin zu zeitgenössischen Installationen: Das Künstlerpaar Ben Jakober und Yannick Vu hat eine Art globalen Zaubergarten geschaffen. Im Sommer kann auch der Rosengarten bewundert werden.

+++ FINCA SA BASSA BLANCA, CAMÍ DEL COLL BAIX (AB ALCÚDIA AUSGESCHILDERT) +++ MI-SA 10-14 UHR, 15-18 UHR (PARK DURCHGEHEND GEÖFFNET), SO 10-15 UHR +++ 10 EURO (NUR PARK UND ROSENGARTEN 5 EURO) +++ MSBB.ORG +++

+++++++++++ AUSSPANNEN +++++++++++

COLL BAIX

Versteckt gelegener Sand- und Kieselstrand, fast vollständig von steilen Felswänden umschlossen. Wer nicht mit dem Boot kommt, wandert eine knappe Stunde über einen verschlungenen Pfad. Kombinierbar mit Aufstieg auf den Sa Talaia. Vorsicht, starker Wellengang!

+++ PLATJA DES COLL BAIX +++ ANFAHRT AB ALCÚDIA ZUNÄCHST RICHTUNG MUSEUM SA BASSA BLANCA. SCHLAGLOCHPISTE BIS REFUGI DEL COLL BAIX +++ GPS-DATEN UNTER MM-ABENTEUER.COM! +++

ALCANADA

Der Strand an sich ist nicht besonders schön, dafür sind es aber Umgebung und Ambiente. Direkt gegenüber liegt das Inselchen Illa de Alcanada mit seinem Leuchtturm. Hierher kommen mallorquinische Familien, und statt ihr Handtuch auf Kieseln und Seegras auszubreiten, stellen viele Campingtische auf, der Parkplatz ist nah. Perfekt für ein Picknick mit Erfrischung im Meer davor und danach.

+++ PLATJA D'ALCANADA +++ ANFAHRT ÜBER PORT D'ALCÚDIA. CARRETERRA ALCANADA RICHTUNG CLUB DE GOLF ALCANADA +++

WANDERN

PUIG D'ALARÓ

Das Castell d'Alaró in 822 Metern Höhe ist die am besten erhaltene von drei Felsenburgen auf Mallorca, neben den Ruinen locken aber vor allem die Aussicht und die dortige Herberge (Hospedería) inklusive Einkehr. Wobei viele Besucher schon unterwegs im zünftigen Gasthaus Es Verger hängen bleiben und die Lammschulter (*paletilla de cordero*) bestellen. Aufstieg 7 km, 550 Höhenmeter, rund 2 Stunden (einfach).

+++ ALARÓ, ABZWEIGUNG VON MA-2100 NACH ES VERGER (WEGWEISER) +++ WER KEIN KNÖLLCHEN WILL, PARKT BESSER AM DORFRAND (CARRER PUIG DE SA COMUNA, CARRER SON POL) +++ TIB-BUS 331/342 ALARÓ (PLUS 20 MINUTEN GEHZEIT) +++ CASTELLALARO.CAT +++ GPS-DATEN UNTER MM-ABENTEUER.COM! +++

SALT DES FREU

Kontrastprogramm zu Sonne und Strand: Nur wenn es ergiebig regnet – also vor allem im Frühjahr und Herbst –, sprudelt in Salt des Freu das Wasser. Die Wasserfälle sind dann Wanderziel, Terrain für Canyoning oder Pool für ganz Hartgesottene – kaltes Wasser im schattigen Steineichenwald.

+++ ANFAHRT ÜBER MA-2100 BUNYOLA-ALARÓ, KM 8,5 (WEGWEISER »SANTA MARIA«), 30–40 MINUTEN GEHZEIT (EINFACH) +++ ODER VON SANTA MARIA AUS, CAMÍ DE COANEGRA, PARKEN AN DER POSSESSIÓ SON OLIVER, CA. 3 STUNDEN GEHZEIT (EINFACH) +++ GPS-DATEN UNTER MM-ABENTEUER.COM! +++

⇠□ BISTRÓ DEL JARDÍN

Das Restaurant von Macarena de Castro ist – wie der Name schon sagt – wie ein Garten. Lecker: Kirsch-Gazpacho mit Thunfisch-Tatar (13 Euro, Hauptgerichte 20 bis 30 Euro). Alle Zutaten von der Insel. Wer es noch ausgefallener und exquisiter mag – das Sterne-Lokal Maca de Castro befindet sich im ersten Stock.

+++ ALCÚDIA, CARRER TRITONS, 4 +++ TIB-BUS 302/324/A32 PLA DE PINAR +++ NUR IM SOMMER, MO-SA 18-23 UHR, SO AB 13 UHR +++ BISTRODELJARDIN.COM +++

CELLER SA SINI

Es wird mallorquinisch aufgetischt – ich bestelle am liebsten *lomo con col* (Schweinelende mit Kohl), es gibt aber auch Pizza. Die eigentliche Sensation ist das Kuchenbüfett!

+++ SANTA MARIA DEL CAMÍ, PLAÇA HOSTALS, 20 +++ ZUG T1/T2/T3 SANTA MARIA +++ DI-SO 13-16 UHR UND 20-23.30 UHR +++ CELLERSASINI.NET +++

LOCAL Nº 2

Tapas-Paradies: Häppchen auf den Teller laden und an der Kasse zeigen! Hier treffen sich einheimische und ausländische Residenten auf ein Glas Wein.

+++ MARRATXÍ, CARRER CASA DEL POBLE 3/1B +++ TIB-BUS 341 SANT MARÇAL +++ DI-SA AB 19 UHR UND FR-SO 13.30-16 UHR +++ LOCALNUMERO2.ES +++

DLOLA

Eine Bar wie ein Wohnzimmer – hier könnte man Stunden damit verbringen, die Deko-Details zu studieren, sei es beim Frühstück oder bei Wein und Käse.

+++ INCA, PLAÇA D'ORIENT, 24 +++ ZUG T1/T2/T3 INCA +++ DI-SA 9.30-14 UHR, 18-23.30 UHR, DO NUR VORMITTAG +++ FACEBOOK.COM/DLOLAMARKET +++

SHOPPEN

BESTARD FACTORY SHOP

Mit der Spezialisierung auf Wanderstiefel behauptet sich der traditionelle Familienbetrieb bis heute. Die nicht billigen Schuhe sind für ihre Langlebigkeit bekannt – und wer eine neue Sohle braucht, gibt sie in diesem kleinen Outlet-Shop auf dem Fabrikgelände in Reparatur.

+++ LLOSETA, CARRER ESTACIÓ 40-42 +++ ZUG T1/T2/T3 LLOSETA +++ MO-SA 10-20 UHR +++ ONLINE-SHOP UND VERKAUFSPUNKTE UNTER BESTARD.COM +++

ARTESANÍA TEXTIL BUJOSA

Seit über 60 Jahren werden in diesem Dorfhaus auf alten Webstühlen die Stoffe mit dem inseltypischen Flammenmuster (*teles de llengües*) hergestellt. Das Ergebnis kann als Meterware erstanden werden oder auch als Tasche, Tischläufer oder Kissenbezug.

+++ SANTA MARIA, CARRER BERNAT DE SANTA EUGENIA, 53 +++ ZUG T1/T2/T3 SANTA MARIA +++ MO-FR 9-13 UHR UND 15.30-19 UHR +++ BUJOSATEXTIL.COM +++

3

SCHLAFEN

CAN GUIXE HOTEL ANTIC

Sehr mallorquinisch: Seit 2021 hat Inca wieder ein Hotel, gelegen direkt in der Altstadt. Das Erdgeschoss beherbergte zuvor eine Traditionsbäckerei, in der wohl erstmals die berühmten Quely-Kekse gebacken wurden. Mit historischer Substanz und modernem Komfort bis hin zu einem Check-in-Automaten. Doppelzimmer mit Frühstück rund 120 Euro.

+++ INCA, CARRER ESTRELLA, 3 +++ ZUG T1/T2/T3 INCA +++ HOTELCANGUIXE.ES +++

HOTEL CAN XIM

Traditionelles Ambiente, nur acht Zimmer, Pool hinter dem Haus: Wer braucht schon das Meer, wenn man einen kurzen Weg in die Berge hat? Das angeschlossene Restaurant »Traffic« liegt direkt am Dorfplatz. Mit Frühstück rund 90 Euro, Doppelzimmer 125 Euro.

+++ ALARÓ, PLAÇA DE LA VILA, 8 +++ TIB-BUS 331/342 ALARÓ +++ CANXIM.COM +++

4

SERRA DE TRAMUNTANA

+++ ERLEBEN +++

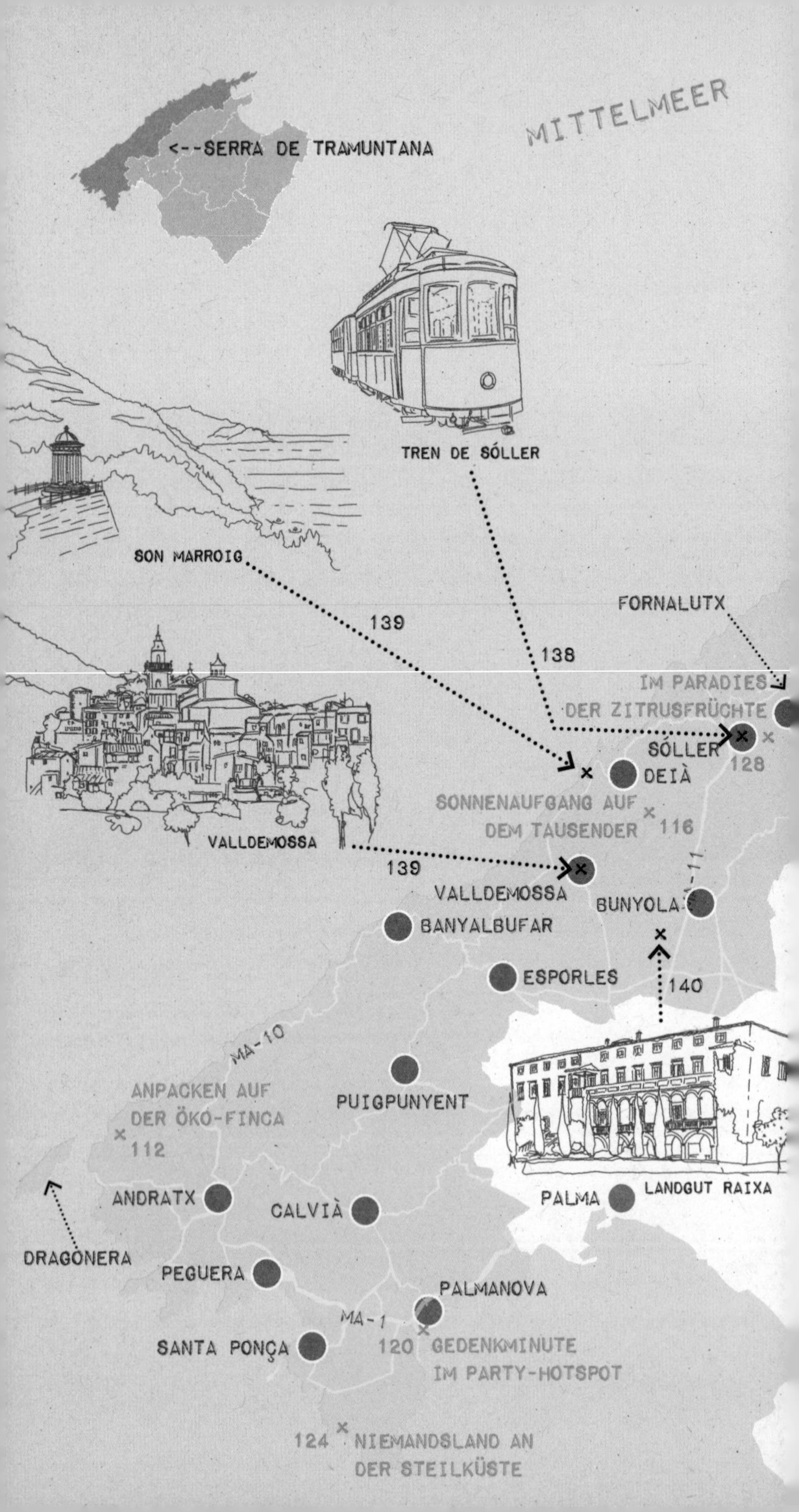

MITTELMEER
<--SERRA DE TRAMUNTANA
TREN DE SÓLLER
SON MARROIG
139
138
FORNALUTX
IM PARADIES DER ZITRUSFRÜCHTE
SÓLLER
128
DEIÀ
SONNENAUFGANG AUF DEM TAUSENDER
116
VALLDEMOSSA
139
VALLDEMOSSA
BUNYOLA
BANYALBUFAR
ESPORLES
140
MA-10
ANPACKEN AUF DER ÖKO-FINCA
112
PUIGPUNYENT
ANDRATX
CALVIÀ
PALMA
LANDGUT RAIXA
DRAGONERA
PEGUERA
PALMANOVA
MA-1
SANTA PONÇA
120 GEDENKMINUTE IM PARTY-HOTSPOT
124 NIEMANDSLAND AN DER STEILKÜSTE

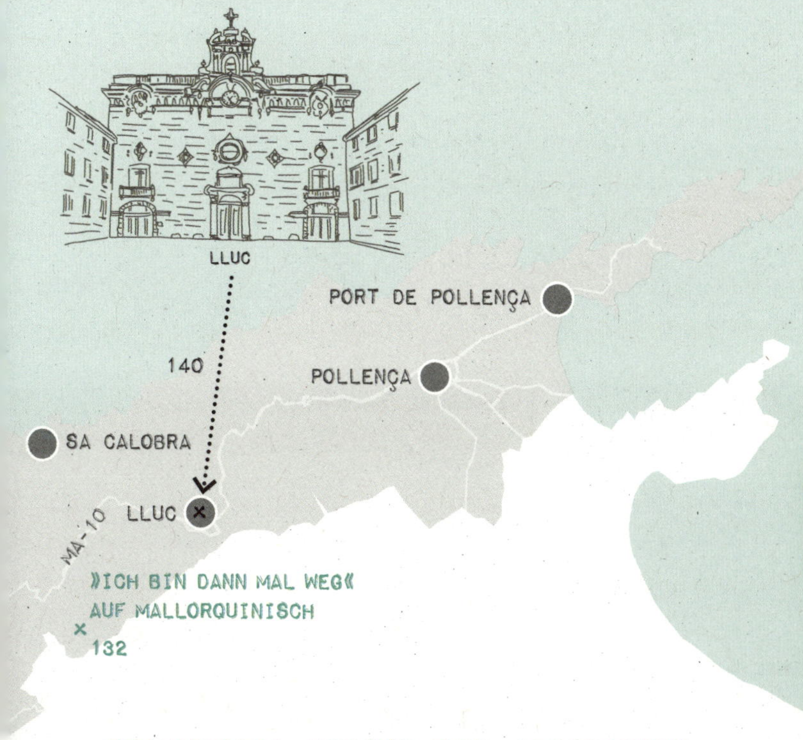

TRAMUNTANA HEISST DER GEBIRGSZUG, der sich über eine Länge von rund 90 Kilometern über den gesamten Nordwesten Mallorcas erstreckt. Und Tramuntana heißt auch die Landschaftsregion, die mit der Gemeinde Calvià westlich von Palma beginnt und im Nordosten bis Pollença reicht. Mehr als 50 Gipfel knacken die Marke von 1.000 Höhenmetern, der Puig Major misst sogar 1.445 Meter – ein Paradies für Wanderer und Trailläufer. Seit 2011 ist das Gebiet Welterbe der Unesco, nicht als unberührte Naturlandschaft, sondern als vom Menschen gestaltete Kulturlandschaft. Tramuntana, das sind Trockensteinmauern, Schneehäuser, Olivenhaine, Steineichenwälder – und fast immer der Blick auf das endlose Meer.

ANPACKEN AUF DER ÖKO-FINCA

FREIWILLIGENDIENST MIT TRAUMBLICKEN AUF LA TRAPA

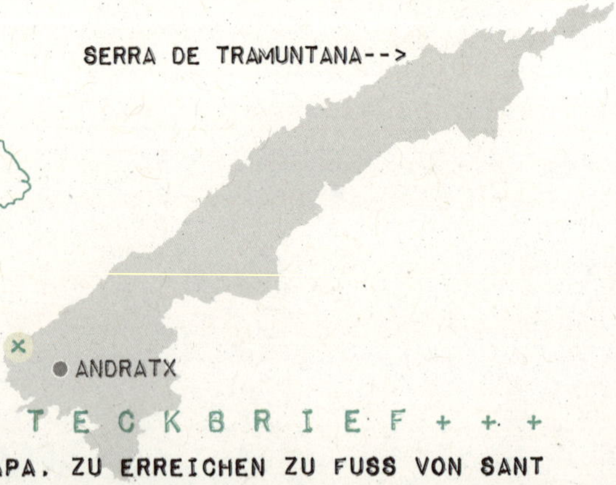

+ + + STECKBRIEF + + +

WO? LA TRAPA. ZU ERREICHEN ZU FUSS VON SANT ELM +++ TIB-BUS 121 SANT ELM +++ WANN? AUSFLÜGE JEDERZEIT BEI GEEIGNETER WITTERUNG. FREIWILLIGENDIENST (VOLUNTARIAT) AM ERSTEN SONNTAG IM MONAT AUSSER AUGUST. TREFFPUNKT 10 UHR VOR DEM RESTAURANT ES MOLÍ IN SANT ELM. ANMELDEFORMULAR EINIGE TAGE ZUVOR UNTER FACEBOOK.COM/GOBMALLORCA ODER INSTAGRAM.COM/GOBMALLORCA +++ WIE LANGE? FREIWILLIGENDIENST BIS CA. 15 UHR +++ WIE VIEL? GRATIS +++ ACHTUNG! DER DIREKTE WEG AB DER AVENIDA DE LA TRAPA IN SANT ELM IST ZWAR NUR 2,5 KILOMETER LANG, ABER STEIL UND KAUM AUSGESCHILDERT. BITTE MIT GRUPPE, KARTE ODER ROUTE WANDERN (GPS-DATEN AUF MM-ABENTEUER.COM) +++ WICHTIG: SELBSTVERPFLEGUNG! +++

WER ARBEITEN WILL, braucht auch eine Stärkung. »Jemand Kaffee?«, fragt Xavi von der Umweltorganisation Gob, nachdem die zwölfköpfige Gruppe nach knapp einstündigem Fußmarsch auf La Trapa angekommen ist. Keiner sagt Nein. So ist auf dem Mäuerchen zwischen Ruinen des einstigen Klosters erst einmal Rast angesagt, Stullen und Obst werden ausgepackt. Und die Arbeit? »Poc a poc«, lautet die Antwort, eins nach dem anderen. Mindestens einmal im Monat finden sich hier freiwillige Helfer ein, dabei mag auch die idyllische Lage eine Rolle spielen. Der Arbeitsplatz bietet einen Blick wie aus einer Loge auf die Insel Dragonera, die sich schroff 360 Meter aus dem Meer erhebt. An diesem Sonntag im Juni soll Manzanilla geerntet werden. So werden hier die Sträucher des Grauen Heiligenkrauts genannt, die in leuchtendem Gelb in einer Senke zwischen den Hügeln blühen.

LA TRAPA, das ist ein rund 80 Hektar großes Landgut, das vom Puig de la Trapa in knapp 500 Metern Höhe bis hinunter zum Meer reicht. Seit dem Aufkauf im Jahr 1980 mit internationaler Hilfe gehört die Idylle dem Gob, Mallorcas Umweltschutzgruppe, die sich in der Inselpolitik Gehör zu verschaffen weiß – und etwa in den 1970er-Jahren mit der Besetzung von Sa Dragonera deren Besiedlung verhindert hatte. La Trapa ist nicht nur Schutzgebiet für die Flora und Fauna. Nach schweren Waldbränden forsten der Gob und seine Helfer wieder auf, setzen Terrassen instand oder bringen Saatgut aus. Neben Mallorquinern haben sich heute auch eine Polin, ein Brasilianer und ein Deutscher eingefunden – wir wollen uns einbringen, La Trapa kennenlernen, und zusammen wird der Einsatz ohnehin kurzweilig. Während jedoch der Rest der Gruppe die Manzanilla-Blüten mit Scheren erntet, damit sie anschließend getrocknet werden können, werde ich für einen Sonderjob auserkoren. Gob-Mitglied Miguel hat Handschuhe für mich, mit Schubkarre und Hacke geht es zu einer der vorgelagerten Terrassen. Unbekannte haben für ein Lagerfeuer Steine aus dem Fundament gelöst – das muss nun repariert werden.

WIR ENTFERNEN DAS FEUERHOLZ, puzzeln Steine in das Loch und füllen die Lücken mit Kies. Es entwickelt sich ein kurzweiliges Gespräch. In fließendem Deutsch berichtet Miguel von seiner Liebe zu Norddeutschland genauso wie von der Arbeit auf dem Landgut. Der aufgeschlossene Senior ist oft hier oben und erklärt nebenbei den Touristen die Bedeutung von La Trapa. Seinen Namen hat der Ort von Trappistenmönchen, die vor der Französischen Revolution hierher geflohen waren und einige Jahre lang das Gut kultivierten. Die Reste der damaligen Anlagen werden nach und nach restauriert, eine kleine Herberge entsteht. Derlei Projekte unterstützen können auch Wanderer. Es liegen mehrsprachige Infoblätter bereit, mit einer Spendenbox wird bescheiden um einen Euro gebeten, Tassen mit Naturmotiven stehen zum Verkauf bereit. Und auch die Blüten, die schließlich mehrere Kisten füllen, sollen später getrocknet den Besuchern als Kräutertee angeboten werden. Resümee des Arbeitseinsatzes: Es hat Spaß gemacht, ich war aktiv, an der frischen Luft, es war sinnvoll – ist das nicht Bezahlung genug?

WENN MAN SCHON MAL **HIER** IST:

Wer die Insel **Sa Dragonera** besuchen will, kann von **Sant Elm** aus in See stechen (siehe S. 142). Der kleine Küstenort lädt zum Flanieren und Einkehren ein. Praktisch auf dem Rückweg liegt **Port d'Andratx** ☐→ – wo man beim Flanieren an der Hafenpromenade mitunter prominente deutsche Bewohner der umliegenden Siedlungen treffen kann.

SONNENAUFGANG AUF DEM TAUSENDER

EINE FRÜHMORGENDLICHE TOUR AUF DEN PUIG DES TEIX BEI VALLDEMOSSA

+ + + S T E C K B R I E F + + +

WO? VALLDEMOSSA, CARRER ÀUSTRIA (AN DER ORTSEINFAHRT RECHTS ABBIEGEN). NACH RUND 300 METERN (SCHILD »REFUGI«) BEGINNT RECHTER HAND AN EINEM GEÖFFNETEN TOR EIN KARRENWEG +++ TIB-BUS 203 VALLDEMOSSA +++ WANN? ZEIT DES SONNENAUFGANGS MINUS AUFSTIEGSZEIT +++ WIE LANGE? KOMPLETTER RUNDKURS GUT FÜNF STUNDEN REINE GEHZEIT (TRAILRUNNING RUND 2,5 STUNDEN) +++ WIE VIEL? KOSTENLOS +++ WICHTIG! STIRNLAMPE, PROVIANT UND SONNENSCHUTZ NICHT VERGESSEN +++ GPS-DATEN UNTER MM-ABENTEUER.COM! +++

4

WIR HÄTTEN KEINE MINUTE LÄNGER brauchen dürfen: Kaum ist der Bergkamm des Teix erklommen, schiebt sich im Osten die rote Scheibe hinter den Gipfeln hervor und steigt im gefühlten Zeitraffertempo in die Höhe. Die Tramuntana erscheint als schwarze, stille Silhouette, in der fernen Bucht von Palma funkeln leuchtende Punkte, und am Horizont verschmelzen Meer und Himmel im Blaugrau des anbrechenden Tages – egal, in welche Richtung wir blicken.

Die Belohnung für das Aufstehen um 4 Uhr morgens und den Kraftakt des Aufstiegs in der Dunkelheit erweist sich als üppig. Der Puig des Teix mit seinen 1.064 Metern ist, abgesehen vom Puig de Galatzó, der westlichste von insgesamt 54 Gipfeln auf Mallorca, die es auf mehr als tausend Meter bringen. Und genau am anderen, östlichen Ende der Insel geht an diesem Augusttag um 6.49 Uhr die Sonne auf.

AUSGERÜSTET MIT STIRNLAMPE. GPS-Route und ordentlich Wasser haben wir gut eine Stunde für die rund sechs Kilometer und 600 Höhenmeter gebraucht, die zwischen dem Bergdorf Valldemossa und dem Gipfel liegen. Das ging so schnell, weil ich mit einer Gruppe von Trailläufern unterwegs bin – wer wandert, muss je nach Schritttempo mehr Zeit einkalkulieren. Die Orientierung ohne GPS-Track ist tagsüber im Übrigen auch nicht viel einfacher – Wegweiser sind Mangelware –, und ausgesetzte, möglicherweise gefährliche Stellen gibt es beim Aufstieg praktisch auch nicht. Ein weiteres Argument für das frühe Aufstehen ist die Augusthitze: In den immer häufigeren Tropennächten auf der Insel sinkt die Temperatur nicht unter 20 Grad.
Trotz der frühen Stunde sind wir nicht die Ersten. An einer geschützten Stelle neben dem Betonpfosten, der den Scheitelpunkt markiert, bauen zwei Mallorquiner ihr Zelt ab. Campieren ist zwar nicht erlaubt, aber zwischen Dämmerung und Morgengrauen kontrolliert das hier oben natürlich niemand. Während die beiden ihre Tour fortsetzen, packen wir einen Imbiss aus – warum hat keiner Kaffee mitgebracht? – und halten inne: Die Berge gewinnen Konturen, das Morgenrot weicht strahlendem Blau, eine leichte Brise trocknet den Schweiß auf der Haut.

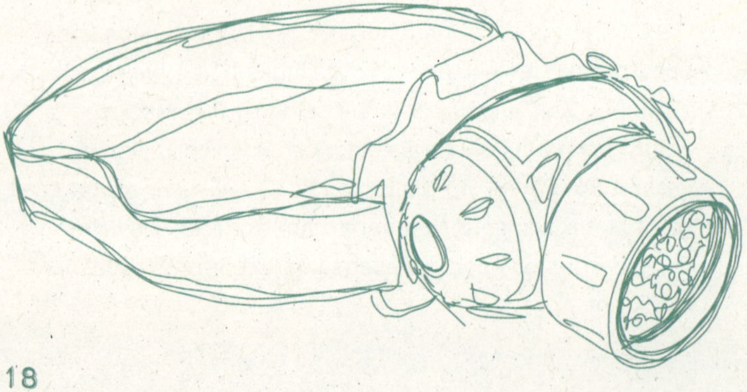

DER ABSTIEG FÜHRT auf der anderen Seite des Teix hinab und mündet in den Camí de s'Arxiduc. Der gepflasterte Wanderweg ist benannt nach dem österreichischen Erzherzog und Mallorca-Forscher Ludwig Salvator, der ihn einst anlegen ließ, um die Landschaft genießen zu können. Immer an der Steilküste entlang schlängelt er sich in steilen Kehren über den Puig Gros und Es Caragolí, bis schließlich der Blick auf Sa Foradada fällt, den vielzitierten Lochfelsen im Meer vor Deià. Hinunter nach Valldemossa führt eine holprige Piste durch schattigen Wald.

Nun ist auch das Bergdorf erwacht und rüstet sich für die alltäglichen Touristenbusse. Nach 16 Kilometern und zweieinhalb Stunden Lauf – oder gut fünf Stunden Wanderung – gönnen wir uns ein zweites Frühstück mit *coca da patata*, dem für Valldemossa typischen süßen Gebäck, und einem großen *café con leche*. Und eine Siesta am Nachmittag scheint mir auch keine schlechte Idee zu sein.

WENN MAN SCHON MAL **HIER** IST:

Valldemossa ⇨, das ist klassisches Touristenprogramm auf den Spuren von Frédéric Chopin (siehe S. 139). Weniger bekannt ist die dortige Kunststiftung **Coll Bardolet** (Carrer Blanquerna, 4, fccollbardolet.org), sie zeigt impressionistische Landschaften des namengebenden Malers. Wer mehr über die spannende Figur des Erzherzogs erfahren will, wird in **Son Marroig** fündig, einem seiner einstigen Anwesen (rund zehn Autominuten, siehe S. 139).

GEDENKMINUTE IM PARTY-HOTSPOT

AUF DEN SPUREN DES LETZTEN TÖDLICHEN ETA-ATTENTATS IN SPANIEN

+ + + STECKBRIEF + + +
WO? PALMANOVA. AM BESTEN AUF DEM GROSSEN PARKPLATZ AN DER ORTSEINFAHRT PARKEN +++ TIB-BUS 106/107/123 PALMANOVA +++ CARRER DE DIEGO SALVÀ LEZAÚN. CARRER CARLOS SÁENZ TEJADA. CARRER MIGUEL DE LOS SANTOS OLIVER +++ WANN? BELIEBIG +++ WIE LANGE? ZWEI BIS DREI STUNDEN +++ WIE VIEL? KOSTENLOS +++

AN DER STELLE, wo 2009 die erste Bombe hochging und zwei Polizisten in den Tod riss, sind statt grauer Pflastersteine rote Bodenplatten verlegt, in der Mitte ein Gedenkstein. Nicht nur ich mache Fotos, ein weiterer Passant hat sein Handy gezückt. »Da hätte man aber schon mal Blumen niederlegen können«, sagt der Anwohner, der sich mir auf Deutsch als José Luis vorstellt. Der heutige 12. Oktober ist zwar nicht der Jahrestag des Attentats – der war am 30. Juli –, aber immerhin Nationalfeiertag und Patronatsfest der Schutzheiligen der Guardia Civil, der die beiden Beamten angehörten.

Der Gedenkstein steht in der britischen Touristenhochburg Palmanova-Magaluf, und alles, was an das letzte tödliche ETA-Attentat auf spanischem Boden erinnert, hat es schwer, sich gegen die grellbunte Urlauberkulisse durchzusetzen. Auf meinem Rundweg liegen Hotels, Pubs, Souvenirläden – die baskischen Attentäter hatten mitten ins Herz des britischen Mallorca-Tourismus gezielt.

NEBEN DEM GEDENKSTEIN zeugt heute auch der Straßenname von dem Attentat – Diego Salvà, so hieß eines der beiden Opfer. Auf der anderen Straßenseite hat mittlerweile der Friedensrichter (Jutjat de Pau) seinen Sitz, dort, wo sich früher die Wache der Beamten befand. Es war eine provisorische Außenstelle des in die Jahre gekommenen und zu eng gewordenen Standorts, die Terroristen wussten offenbar um mangelnde Sicherheitsvorkehrungen. Die Autobombe explodierte um 13.45 Uhr unter dem hier geparkten Dienstwagen. Es gruselt mich bei der Vorstellung, wie der 2,5-Kilo-Sprengsatz ihn in Stücke riss. Ein Großeinsatz der Polizei lief an, sogar Mallorcas Flughafen wurde geschlossen.
Auch an das zweite Todesopfer erinnert ein Straßenname: Der Carrer Carlos Sáenz de Tejada liegt fünf Gehminuten entfernt, zwischen einem Hotel mit Freizeitpark, dessen Fassade ein überdimensionaler Yeti erklimmt, und einer Shoppingmeile. Und gleich um die Ecke ist der Party-Hotspot Punta Ballena, so etwas wie das britische Äquivalent zur Schinkenstraße am Ballermann. So machen also Engländer Urlaub, denke ich mir, und halte instinktiv Ausschau nach den berüchtigten Exzessen.

URLAUBER standen nie direkt im Fokus der Terroristen, die mit Gewalt die Loslösung des Baskenlandes von Spanien erreichen wollten. Stattdessen hatten sie es auf Staatsvertreter abgesehen. Die zweite Autobombe, die an jenem 30. Juli rechtzeitig entdeckt und gesprengt wurde, war denn auch vor dem früheren Hauptgebäude der Guardia Civil deponiert, im Carrer Miguel de los Santos Oliver, 11. Das Gebäude mit seinen Rundbögen gegenüber einem großen Parkplatz ist heute verwaist, die Beamten sind in einen Neubau im Gewerbegebiet umgezogen. Augenfällig dagegen das Monument, das die Gemeinde Calvià noch im selben Jahr zu Ehren der Guardia Civil errichtete: Es steht in Sichtweite, im Kreisverkehr an der Ortseinfahrt von Palmanova. Die vier Stelen, zwischen denen die balearische, die spanische sowie die europäische Flagge wehen, erinnern daran, dass nie jemand für das Attentat zur Rechenschaft gezogen wurde. Längst hat die ETA – nach der Ermordung von 829 Menschen – die Waffen niedergelegt und sich aufgelöst. Wer würde heute bei einem Anschlag noch an baskische Terroristen denken?

WENN MAN SCHON MAL **HIER** IST:

An der **Playa de Palmanova** spenden Kiefern Schatten, Strandsportler sind hier richtig. Einkehr im **Cafè Palmanova** (siehe S. 143). Nur 15 Autominuten entfernt (Richtung Son Ferrer) liegt die **Dreifinger-Bucht** mit den in der Hochsaison überlaufenen Naturstränden **El Mago** (FKK) und **Portals Vells**. Vergleichsweise nahe (knapp 30 Autominuten) befindet sich auch das öffentliche Landgut **Galatzó** □→ (siehe S. 142).

NIEMANDSLAND AN DER STEILKÜSTE

AUF VERSCHLUNGENEN PFADEN ZU VERWAISTEN VERTEIDIGUNGSANLAGEN

+ + + STECKBRIEF + + +

WO? ZWISCHEN CALA FIGUERA UND EL TORO +++ AUF DER SCHNELLSTRASSE NACH ANDRATX (MA-1) BEI MAGALUF ABFAHREN. AUF DER STRASSE NACH SON FERRER IN DEN CAMÍ CALA FIGUERA EINBIEGEN UND DEN SCHILDERN NACH PORTALS VELLS ODER BIS GANZ NACH CALA FIGUERA FOLGEN +++ WANN? BEI SCHÖNEM WETTER +++ WIE LANGE? TAGESAUSFLUG +++ WIE VIEL? KOSTENLOS +++ WICHTIG: IN DEM GEBIET BEFINDEN SICH UNGESICHERTE EHEMALIGE MILITÄRANLAGEN. KEIN ZUTRITT FÜR UNBEFUGTE. DIE BEGEHUNG BIRGT ERHEBLICHE RISIKEN. BITTE DEN WARNSCHILDERN FOLGE LEISTEN! +++

4

DAS LICHT der Handy-Taschenlampe reicht nur ein paar Meter, aber aus dem Dunkel des mannshohen Tunnels höre ich den Hall spanischer Kinderstimmen. Wie weit sind sie entfernt? Und wie weit erstreckt sich dieser Tunnel? Irgendwann sehe ich Lichtreflexe von Stirnlampen, und zwei mallorquinische Familien steigen aus dem Tunnel ans Tageslicht, die Kinder tragen Funkgeräte. »Wir sind wieder umgekehrt, die Luft wurde da vorne sehr muffig«, erklärt einer der Väter die Rückkehr zum Ausgangspunkt. Aber am Ende eines anderen Ganges, der abzweige, könne man das Meer sehen.

Das Gebiet zwischen Cala Figuera und El Toro ist tatsächlich ein blinder Fleck im sonst dicht bebauten Südwesten. Ein Naturparadies an der Steilküste mit Kiefernwäldchen, allerlei Ruinen – und mittendrin die aufgegebene Verteidigungsanlage von Es Rafeubetx.

DIE ZUFAHRTSSTRASSE ENDET am Leuchtturm von Cala Figuera, spätestens hier geht es zu Fuß weiter, mit dem Meer immer zur Linken. Den Weg weisen blaue Pfeile, die jemand in regelmäßigen Abständen auf Felsbrocken gesprüht hat, sicher zum Entsetzen von Umweltschützern. Vielleicht hätte man sie gar nicht gebraucht, denn der verschlungene Pfad verläuft ohnehin an der Steilküste entlang. Immer wieder lässt mich der Blick auf Meer, Klippen und Horizont innehalten.
Früher war dieser Ausblick weniger idyllischer denn strategischer Natur, wovon ein halb verfallener Wachturm zeugt, von dem aus rechtzeitig Piraten auf Angriffskurs ausgemacht werden sollten. In der Zeit des Kalten Kriegs entstand dann ein Verteidigungsbollwerk mit unterirdischer Kommandozentrale, Tunnelanlagen und Geschützstellungen. Die Überreste tauchen entlang des Weges auf: Ruinen von Wachhäuschen oder Unterkünften, Ringbettungen der längst verschrotteten Geschütze und ein mit Graffiti übersäter Feuerleitstand, der heute wie eine Aussichtsterrasse wirkt.
Dieser verlassene Ort ist jedoch kein Ausflugspark und dieser Text keine Einladung, Betreten-verboten-Schilder zu missachten! Ungesicherte Schächte, Bauschrott, Glasscherben – wer hier die offiziellen Wege verlässt, ist auf eigenes Risiko unterwegs.

DAS KÖNNTE SICH ÄNDERN, wenn die Landesregierung irgendwann einmal die insgesamt knapp acht Quadratkilometer offiziell zum Naturschutzgebiet erklärt, wie es die Gemeinde Calvià fordert. Gebaut werden darf hier zwar sowieso nicht. Aber in einem Naturschutzgebiet könnten dann Wege ausgeschildert, Schutzprogramme aufgelegt und Regeln für Besucher aufgestellt werden. Das wäre zudem eine Chance zur Restaurierung der Wachtürme. Einer von ihnen, die Torre de Rafeubetx, war in den 1950er-Jahren für modernere Verteidigungsanlagen abgetragen worden – so gründlich, dass der Turm nicht mal mehr aus der Luft auszumachen war und keinen Eingang ins Denkmalschutzregister fand. Fundament und Unterbau wurden erst 2016 von Archäologen wiederentdeckt.

Und so ähnlich ist das wohl mit diesem Stück Steilküste. Wie viel gäbe es hier zu restaurieren, zu schützen und auszuweisen? Andererseits ginge dann der Charme eines Lost Place und der Reiz des Niemandslands verloren. Mit diesem Eindruck suche ich mir auf dem Rückweg ein Plätzchen zum Verweilen mit umwerfendem Panoramablick.

WENN MAN SCHON MAL **HIER** IST:

Von **El Toro** führt eine Straße hinunter zum Protz-Yachthafen **Port Adriano**. Hier gibt es neben edlen Schiffen, edlen Läden und edlen Restaurants im Sommer auch Open-Air-Konzerte (portadriano.com). Im Nachbarort Son Ferrer kann eine kleine prähistorische Stätte besucht werden, der **Túmulo de Son Ferrer** ⇨ (Carrer Oronella, 17A). Wer noch Energie übrig hat, erkundet nebenan in **Santa Ponça** den Kletterparcours im **Jungle Parc** (Avinguda del Rei Jaume I, 40A).

IM PARADIES DER ZITRUSFRÜCHTE

AUF DEM ORANGEN-LEHRPFAD DES SÓLLER-TALS

+ + + STECKBRIEF + + +

WO? FINCA ECOVINYASSA, SÓLLER, CAMÍ DE SA VINYASSA, 3 +++ TIB-BUS 203/204/232 SÓLLER SUD (25 MINUTEN FUSSWEG) +++ WANN? MONTAG, MITTWOCH UND FREITAG 10–14 UHR (AUSSER DEZEMBER/JANUAR) +++ WIE LANGE? RUND ZWEI STUNDEN +++ WIE VIEL? 14 EURO, KINDER 7 EURO (IMBISS UND ORANGENSAFT INKLUSIVE) +++ WICHTIG! RESERVIERUNG NOTWENDIG UNTER ECOVINYASSA.COM +++

DAS IST ALSO DIE EIERHINTERN-ORANGE!

Der Baum trägt schwer an den Früchten der Sorte Cul d'ou – den Namen haben ihr die Mallorquiner wegen der ovalen Form verpasst. »Sie ist eine von fünf Orangensorten, die nur bei uns auf Mallorca wachsen«, sagt Joan. Und selbst hier im Sóller-Tal muss man nach ihr suchen. Längst haben andere, ertragreichere Kulturen die alte Sorte abgelöst. Aber hier, auf der Finca Ecovinyassa, findet man sie noch, neben knapp drei Dutzend weiteren Arten.

Ich folge Joan durch die 18.000 Quadratmeter große Ökoplantage auf einem verschlungenen Trampelpfad, den immer wieder fruchtbeladene Äste verstellen. Dabei fühle ich mich ein bisschen wie in einem Werbespot für Orangensaft, nur dass hier jeder Baum eine neue Überraschung bereithält. Vor vielen stehen mehrsprachige Infotafeln und bilden einen Lehrpfad durch die Welt der Zitrusfrüchte.

ES GEHT VORBEI an einem Komposthaufen, Hühner picken gackernd zwischen den Bäumen. Joan pflückt mir eine nur daumengroße Frucht, eine Kumquat. »Die kannst du mit Schale essen.« Im Mund vermischen sich süß und sauer. Am nächsten Baum hängt eine einzige, überdimensionale Pampelmuse, ein anderer versteckt seine Orangen im Innern der Krone. Und dann gibt es eine Reihe von veredelten Bäumen, die mehrere Sorten tragen, zum Beispiel links Zitrone, in der Mitte Bitterorange, rechts Canoneta, die wichtigste einheimische Art.

Seit die Orange im 17. Jahrhundert im Sóller-Tal an Mallorcas Nordwestküste ankam, fühlt sie sich hier prächtig. Ganz offenbar mag sie das heiße, feuchte und frostfreie Mikroklima zwischen den Tausendergipfeln, auf denen ich am heutigen Wintertag Schnee ausmachen kann. Vom Spätsommer abgesehen wird eigentlich immer gerade eine Sorte reif, trotz der gemeinsamen Blüte im März und April: Clementinen im November, es folgt im Januar die Navel, im Februar die Navelate, ab März die Canoneta, und manche Peret hängt gar bis Ende August. Vielleicht sollte ich im Frühjahr wiederkommen, wenn Blüten und Früchte um die Wette duften.

JOAN ZEIGT MIR TÜTCHEN mit im Halbschatten getrockneten Orangenblüten, die er und seine Frau als Tee verkaufen. Auch Marmelade ist im Angebot, Kaki-Apfel zum Beispiel – ein Zufallsprodukt, das sich schnell als Renner erwies. Das Paar hatte das Anwesen 2009 geerbt, stellte die Plantage auf ökologische Bewirtschaftung um und öffnete sie für Besucher. Zwar mögen die Zeiten lange vorbei sein, als Sóller im 19. Jahrhundert mehr als 3.000 Tonnen Orangen pro Jahr nach Marseille exportierte. Dafür gibt es jetzt immer neue, innovative Produkte, die Abnehmer finden.

Am Ende des Rundgangs wird unter einem Zürgelbaum aufgetischt, die Brotzeit *Pa amb Oli* und dazu natürlich Orangensaft aus frisch gepflückten Früchten. Nach dem eingehenden Betrachten, Betasten und Beschnuppern der Canoneta am Baum steht der Geschmackstest der berühmten Saftorange aus Sóller an. Es wird der Höhepunkt des Besuchs. Danach bin ich mir sicher, dass mich künftig kein Saft mehr aus der Flasche oder aus weitgereisten Orangen wird überzeugen können.

WENN MAN SCHON MAL **HIER** IST:

Mehr Produkte aus dem Orangental finden sich im Laden von **Fet a Sóller** (siehe S. 144). Vom dortigen Bahnhof fährt die Bummelbahn **Roter Blitz** nach Palma sowie die historische Straßenbahn □→ weiter nach **Port de Sóller** (siehe S. 138). Dort lässt es sich schön mit Blick auf die Bucht von Sóller einkehren, zum Beispiel im **Agapanto** (siehe S. 143).

»ICH BIN DANN MAL WEG« AUF MALLORQUINISCH

EINE NACHT IN DER ABGESCHIEDENEN WANDERHÜTTE TOSSALS VERDS

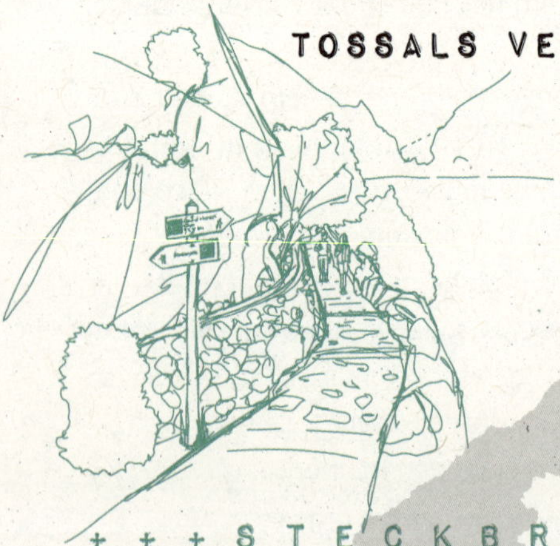

+ + + S T E C K B R I E F + + +

WO? TOSSALS VERDS. ZU ERREICHEN ÜBER DEN FERNWANDERWEG GR221 VON LLUC ODER SÓLLER AUS. WEGBESCHREIBUNG. TRACKS UND WEITERE HERBERGEN UNTER CAMINSDEPEDRA.CONSELLDEMALLORCA.CAT/DE +++ TIB-BUS 312 LLUC. TIB-BUS 203/204/232 SÓLLER +++ WANN? BEI WANDERWETTER +++ WIE LANGE? ZWEI TAGE BIS EINE WOCHE +++ WIE VIEL? 14 EURO PRO NACHT IM GRUPPENZIMMER. BETTWÄSCHE 4.50 EURO. HANDTUCH 2 EURO. FRÜHSTÜCK 5.50 EURO. ABENDESSEN MIT WEIN ODER WASSER 9.50 EURO +++ WICHTIG! VORAB ONLINE RESERVIEREN UND ROUTE SORGFÄLTIG PLANEN – DIE TRAMUNTANA WIRD IMMER WIEDER VON URLAUBERN UNTERSCHÄTZT +++

EIN EINZIGES LICHT durchbricht die beginnende Dunkelheit, es ist die Laterne am Eingang der Wanderhütte von Tossals Verds. Die umliegenden Bergwände sind zu einem einheitlichen Schwarz verschmolzen, das sich als Silhouette vom grauen, noch sternenlosen Himmel abhebt. Das Blöken einzelner Schafe schallt weithin und vermischt sich mit dem entfernten Zirpen von Zikaden. Verstummt ist dagegen das Handy. Ich habe die Wifi-Zone der Herberge hinter mir gelassen.
Hier im Talkessel in 540 Metern Höhe und fern der Zivilisation stellt sich bei mir gerade ein »Ich-bin-dann-mal-weg-Gefühl« ein. Dazu haben freilich auch die 18 Kilometer Fußmarsch ab der Pilgerstätte Lluc inklusive steilem Abstecher auf den 1.100 Meter hohen Puig dels Tossals Verds beigetragen. Die Beine sind müde, der Kopf ist frei, das Tagwerk getan.

TOSSALS VERDS ist eine von sieben einfachen Herbergen auf der Trockensteinmauerroute, der Ruta de Pedra en Sec (GR 221). Der 150 Kilometer lange Fernwanderweg führt von Südwesten nach Nordosten quer durch die Tramuntana. Keines der Refugios liegt so abgeschieden wie Tossals Verds, und erst auf den letzten hundert Metern Abstieg der Tagesetappe rückt der ehemalige Gutshof in den Blick.

Beim Check-in bekomme ich Bettzeug und Handtuch, geschlafen wird in Hochbetten in Gruppenzimmern. Auch sonst geht es rustikal zu. Um Punkt 20 Uhr stehen Tonschüsseln mit Rindfleisch-Ragout bereit, ob die Gäste da sind oder nicht. Die Abgeschiedenheit fördert die Geselligkeit am langen Tisch, wir sind sofort per Du. Erzählt wird von Erlebnissen auf dem Weg und von anderen Fernwanderwegen in Europa, aber auch davon, wo jeder gerade in seinem Leben unterwegs ist. Eine Bayerin berichtet von ihrem neuen Freund, der als Kapitän auf einer Superyacht in Palmas Hafen angeheuert hat – und von ihrer Idee, auf die Insel auszuwandern. Wir teilen uns das restliche Essen und schnappen uns noch eine übrige Flasche Wein vom Nachbartisch.

AM MORGEN BRAUCHT DIE SONNE eine Weile, bis sie hinter den Bergen auftaucht, dafür leuchten die Steilwände des Puig de s'Alcadena im Süden bereits rötlich. Das Frühstück ist mallorquinisch und geht so: ungesalzenes Brot mit einer Tomatenhälfte einreiben, Salz darauf streuen und Öl darüberträufeln, anschließend mit Schinken, Wurst oder Käse belegen. Für Urlauber, die *Pa amb Oli* nicht kennen, stehen Butter und Marmelade bereit.

Ich trete den Rückweg an, bevor es heiß wird. Die Etappe 6 des GR221 nach Lluc ist recht gut ausgeschildert, trotzdem kann man sich verirren, vor allem, wenn man zu sehr auf die Überreste von Köhlerplätzen und Schneehäusern am Wegesrand schaut. In diesen Cases de Neu wurde früher – vor Erfindung des Kühlschranks – Schnee gesammelt, zu Eis verdichtet und konserviert, um es im Sommer ins Tal zu schaffen.

Auf dem letzten Teilstück nach Lluc geht es wieder steil bergab, und als ich am Großparkplatz der Pilgerstätte eintreffe, hat mich die Zivilisation schnell wieder. Wie gut, dass zumindest Tossals Verds nicht mit dem Auto erreichbar ist!

WENN MAN SCHON MAL **HIER** IST:

Lluc □→ ist das spirituelle Zentrum Mallorcas (siehe S. 140). Wer an der Pilgerstätte übernachten will, kann zwischen modernisierter Herberge im Haupthaus (Hostatgeria, lluc.net), Wanderhütte (Refugi Son Amer, Web siehe S. 132) und Campingplatz (Área de Acampada, casamitger@ibanat.caib.es) wählen. Beste mallorquinische Kost gibt es im **Ca s'Amitger** (siehe S. 143).

WENN MAN SCHON MAL IN DER SERRA DE TRAMUNTANA IST

+++ SEHEN +++

+++ AUSSPANNEN +++

+++ WANDERN +++

+++ ESSEN +++

+++ AUSGEHEN +++

+++ SHOPPEN +++

+++ SCHLAFEN +++

4

SEHEN

TREN DE SÓLLER

27 Kilometer Schmalspur-Gleise von Palma nach Sóller, die hundert Jahre in die Vergangenheit führen: Zumindest von außen sieht der »Rote Blitz« noch aus wie früher und ist dabei bestens in Schuss. Die LEDs in den Scheinwerfer-Gehäusen sehen die Fahrgäste ja nicht. Art-déco-Interieur, Fahrtwind bei offenem Fenster, ein Rumpeln, das Gespräche übertönt, endlose Tunnel – die Fahrt ist kein billiger, aber verdienter Klassiker des Mallorca-Urlaubs. Ab dem Bahnhof von Sóller geht es in der ebenfalls historischen Straßenbahn weiter nach Port de Sóller.

+++ BAHNHOF IN PALMA IM CARRER EUSEBI ESTADA, 1, NEBEN ZENTRALBAHNHOF (ESTACIÓ INTERMODAL) +++ 18 EURO (EINFACH), 25 EURO (HIN UND ZURÜCK), 32 EURO (INKLUSIVE STRASSENBAHN) +++ WINTERPAUSE ÜBER JAHRESWECHSEL +++ TRENDESOLLER.COM/DE/FAHRPLAN +++

⇠☐ SON MARROIG

Forscher, Reiseschriftsteller, Umweltschützer, Tourismus-Pionier – jahrzehntelang kreuzte der österreichische Erzherzog Ludwig Salvator durchs Mittelmeer und beschrieb in mehr als 50 Büchern seine Beobachtungen. Ab 1872 kaufte der Adlige prächtige Anwesen an Mallorcas Küste. Son Marroig wurde im italienischen Stil ausgebaut und mit einem Rundtempel versehen, dessen Foto heute viele Mallorca-Reiseführer ziert. Ein Museum zeigt Fundsachen und Kunstwerke.

+++ MA-10 ZWISCHEN VALLDEMOSSA UND DEIÀ. AM SCHILD »SON MARROIG« LINKS ABBIEGEN +++ TIB-BUS 203 SA FORADADA +++ 4 EURO +++ MO-SA 9.30-14 UHR, 15.30-16.30 UHR +++ SONMARROIG.COM +++

VALLDEMOSSA

Magischer Ort, überrannt von Urlaubern: Neben der Ästhetik von Natursteinhäusern und Bergkulisse begründet ein Aufenthalt des Pianisten Frédéric Chopin und seiner Lebensgefährtin George Sand 1838/39 den Ruhm von Valldemossa; die Schriftstellerin hinterließ den Reisebericht *Ein Winter auf Mallorca*. Nach dem Besuch der Chopin-Zelle im ehemaligen Kartäuserkloster (Cartoixa) ist das Kartoffelmehl-Gebäck *coca de patata* ein Muss.

+++ ANFAHRT ÜBER MA-1110 +++ TIB-BUS 203 VALLDEMOSSA +++ CARTOIXA: FEBRUAR-OKTOBER MO-SA 10.30-16 UHR +++ 9.50 EURO (PLUS 4 EURO CHOPIN-ZELLE), RABATT UNTER CARTOIXADEVALLDEMOSSA.COM +++

4

LLUC

Einmal im Jahr pilgern Tausende Mallorquiner in einer Nachtwanderung hierher. In der Basilika von Mallorcas wichtigstem Wallfahrtsort singt der Kinderchor der Blauets zu Ehren der Gottesmutter Mare de Déu. Lluc ist Ziel von Tagesausflügen, es lässt sich aber auch bestens in der Herberge mit 120 Zimmern und Apartments übernachten. Perfekter Startpunkt für Wanderungen.

+++ ESCORCA, PLAÇA PELEGRINS, 1 +++ ANFAHRT ÜBER MA-2130 (VON INCA) ODER MA-10 (SÓLLER ODER POLLENÇA) +++ TIB-BUS 312 LLUC +++ BASILIKA 9–19 UHR, MUSEUM MO–FR 10–16 UHR +++ KOMBITICKET PARKPLATZ UND MUSEUM 5 EURO +++ SANTUARI.LLUC.NET +++

LANDGUT RAIXA

Raixa (sprich: Raischa), das sind: wildromantische Gartenanlagen, arabische Wasserläufe, ein Prachtbau in der Manier eines Palazzo, hergerichtet von Kardinal Despuig (1745–1813), eine Freitreppe, verewigt auf der Kinoleinwand (*Das Böse unter der Sonne*). Ich wünschte, ich hätte das Landgut besucht, bevor es 2002 von der öffentlichen Hand gekauft und restauriert wurde – viele Räume sind nun Büros. Man kann den einstigen Zauber aber noch spüren, vor allem in den weitläufigen Gartenanlagen.

+++ MA-11 PALMA-SÓLLER, KM 12,2 +++ TIB-BUS 204/205 CAMÍ DE CAUBET +++ DI–SA, 10–15 UHR +++ RAIXA.CONSELLDEMALLORCA.CAT +++ EINTRITT GRATIS +++

+++++++++++ AUSSPANNEN +++++++++++

SA CALOBRA

Déjà-vu? Womöglich kennen Sie den von steilen Felsen eingeklemmten Kiesstrand aus dem Film *Cloud Atlas*. Traumhaft, wenn man allein wäre. Der Strand markiert das Ende des Sturzbachs Torrent de Pareis.

+++ ABZWEIGUNG AUF DER MA-10, ZWISCHEN LLUC UND STAUSEE GORG BLAU +++ AUSFLUGSBOOTE AB PORT DE SÓLLER (BARCOSCALOBRA.COM, HIN UND ZURÜCK 30 EURO) +++

LLUCALCARI

Der Abstieg ist beschwerlich (keine Badelatschen!). Felsbrocken und Kies bilden eine idyllische Bucht, in der Badekleidung optional ist. Jetzt noch mit dem Schlamm an einer hier sprudelnden Quelle einreiben – Peeling inklusive!

+++ IN DER SIEDLUNG LLUCALCARI PARKEN (KEINE LEICHTE AUFGABE!). VON HIER RUND 300 METER ZUM STRAND +++ TIB-BUS 203 LLUCALCARI +++

FORMENTOR

Der schmale Strand erstreckt sich auf der Halbinsel Formentor, wo auch das legendäre gleichnamige, derzeit wegen einer Totalsanierung geschlossene Luxushotel steht. Der Kiefernwald reicht bis zum Wasser, der Blick weithin über die Bucht von Pollença.

+++ MA-2210 BIS HOTEL FORMENTOR +++ IN DER HAUPTSAISON OBLIGATORISCHES BUS-SHUTTLE AB PORT DE POLLENÇA (FORMENTOR.CONSELLDEMALLORCA.CAT) +++

FINCA GALATZÓ

Das Landgut, das der Gemeinde Calvià gehört, ist ein Wanderparadies. Kürzere Wege sind bestens ausgeschildert, die Besteigung des Puig de Galatzó (1.027 Meter) und des s'Esclop (926 Meter) nicht – für sie braucht es Erfahrung, Kondition, gutes Wetter und Proviant (GPS-Daten unter mm-abenteuer.com!).

+++ MA-1032 ES CAPDELLÀ-GALILEA. BEI KILOMETER 2.2 LINKS ABBIEGEN +++ 8-17 UHR +++

FINCA PLANÍCIA

Berg und Meer auf engstem Raum: Planícia, seit 2009 in öffentlicher Hand, erstreckt sich direkt an der westlichen Steilküste, an den Ausläufern der 941 Meter hohen Mola de Planícia. Die Schönheit des Landguts lässt sich auf drei ausgeschilderten Wanderwegen mit elf Kilometern Gesamtlänge erkunden.

+++ MA-10 ESTELLENCS-BANYALBUFAR. KM 90.2 +++ TIB-BUS 202 PLANÍCIA +++ DOWNLOAD-FLYER AUF DEUTSCH UNTER BIT.LY/FINCA-PLANICIA +++

SA DRAGONERA

Protestierende Umweltschützer bewahrten die Insel südwestlich von Mallorca vor der Bebauung. Heute kann das Naturschutzgebiet auf vier Routen erkundet werden. Die eindrucksvollste führt auf den 352 Meter hohen Puig des Far Vell.

+++ TIB-BUS 121 SANT ELM +++ BOOTE AB SANT ELM ZWISCHEN FEBRUAR UND OKTOBER +++ TICKET 14 EURO. EINTRITT PARK 1 EURO +++ ABFAHRTSZEITEN UNTER CRUCEROSMARGARITA.COM +++

MARICEL

Schon mal zehn Gänge gefrühstückt? Hier wird bei Meerblick sogar jeder einzelne anmoderiert. Um alle Nuancen zu entdecken, den *café con leche* erst am Ende bestellen …

+++ CAS CATALÁ, CARRETERRA D'ANDRATX, 11 +++ TIB-BUS 108/123 MAR I CEL +++ MENÜ 50 EURO +++ MIT VORABRESERVIERUNG (AM WOCHENENDE AUF WOCHEN AUSGEBUCHT), START UM 9.30 UHR +++ HOSPES.COM/DE/MARICEL-SPA/GASTRONOMIE-MALLORCA +++

CA S'AMITGER

Mallorquinischer geht's nicht: vor der Pilgerstätte Lluc sitzen, die Aussicht auf die Berge und Inseltypisches genießen. Tagesmenü 15 Euro.

+++ ESCORCA, PLAÇA PELEGRINS, 6 +++ TIB-BUS 312 LLUC +++ CA. 9-23 UHR +++ CASAMITGER.ES +++

AGAPANTO ⇨

Hier wird der *dieta mediterránea* gefrönt, der Mittelmeerkost. Am Strand mit Blick auf die Bucht von Sóller, laue Brise, oft untermalt von Live-Gesang – ein Ort für Romantiker!

+++ PORT DE SÓLLER, CAMÍ DEL FAR, 2 +++ TIB-BUS 203/204/232 PORT DE SÓLLER +++ DO-DI 12-24 UHR, WINTERPAUSE +++ AGAPANTO.COM +++

CAFÈ PALMANOVA

Integration, die schmeckt: Die Stiftung Amadip-Esment bildet Menschen mit Downsyndrom als Kellner aus. Hauptspeisen 10 bis 20 Euro. Die Nachspeisen werden auf einem Wägelchen am Tisch präsentiert.

+++ PALMANOVA, AM PARKPLATZ AN DER AUSFAHRT 13 DER MA-1 +++ TIB-BUS 106/107/123 PALMANOVA +++ 9-18 UHR +++ BIT.LY/CAFE-PALMANOVA +++

AUSGEHEN

SA FONDA

In dieser Bar mit Terrasse lebt der Geist fort, der einst in Deià Einzug hielt – mit von der Idylle angezogenen Schriftstellern und Malern.

+++ CARRER ARXIDUC LLUIS SALVADOR, 3 +++ TIB-BUS 203 DEIÀ +++ ÖFFNUNGSZEITEN UND EVENTS SIEHE INSTAGRAM: SAFONDADEIA +++

EL CHIRINGUITO

Sprossenleiter ins Meer, Cocktail aus dem Becher, Sonnenuntergang: Dieser Ort braucht keine Bali-Betten oder Chill-Musik. Liege und Sonnenschirm (5 Euro) früh sichern!

+++ COSTA DE LA CALMA, CARRER ZV PALMERAS +++ TIB-BUS 107 AV. DE LA MAR, 34 +++ 11–24 UHR, IM WINTER BIS 18.30 UHR +++ FACEBOOK.COM/ELCHIRINGUITO.PUNTOCOM +++

SHOPPEN

FET A SÓLLER

Olivenöl, Marmelade, Eis: Alles, was das Orangental hergibt, wird bei Fet a Sóller (»made in Sóller«) verarbeitet und verkauft. Dahinter steckt der Unternehmer Franz Kraus.

+++ SÓLLER, PLAÇA DES MERCAT, 1 +++ TIB-BUS 203/204/232 SÓLLER CETRE +++ MO–FR 10.30–17.30 UHR, SA 9–14 UHR +++ FETASOLLER.COM +++

POLLENÇA ARTESANAL

Tradition und neues Design: Unterstützt vom Inselrat haben die Kunsthandwerker von Pollença diesen Laden eröffnet.

+++ CARRER SANT DOMINGO 13 +++ TIB-BUS 301/321 POLLENÇA +++ MO-FR 10-13, 16-20 UHR, SA/SO 10-14 UHR +++ ARTESANSPOLLENCA.COM +++

SCHLAFEN

4

MULETA DE CA S'HEREU

Früher Taubenschlag, heute Suite mit drei Außenwänden und acht Rundbogenfenstern – fragen Sie nach Zimmer Nr. 2, wenn Sie mit Panoramablick auf die Bucht von Sóller aufwachen möchten (rund 230 Euro). Das auf Wanderer spezialisierte Landhotel liegt so abgeschieden auf 170 Metern Höhe, dass die Zivilisation nicht zu existieren scheint.

+++ PORT DE SÓLLER, CAMP DE SA MAR (ANFAHRT AUF WEBSITE) +++ MULETADECASHEREU.ES +++

REFUGI PONT ROMÀ

Keinerlei Luxus, aber nah dran an der Tramuntana: Die Wanderherberge (Schlafsaal 18,50 Euro zzgl. Frühstück, Essen, Handtücher) ist Ausgangs- oder Endpunkt der Trockensteinmauerroute GR221 (siehe S. 132). Das Refugio wird nach dem Ende einer Privatkonzession wieder vom Inselrat verwaltet.

+++ POLLENÇA, CAMÍ CAN GUILLÓ +++ TIB-BUS 301/321/322 POLLENÇA LA FONT +++ SEU.CONSELLDEMALLORCA.NET/REFUGIS +++

5

LLEVANT

+++ ERLEBEN +++

5

LEVANTE IST IM SPANISCHEN der Name für den Wind, der aus Osten weht, und Llevant heißt auf Mallorquinisch auch »der östlichste Teil der Insel«. Eine Art Hauptstadt der Region ist Manacor mit seiner Möbelindustrie, Urlauber kennen aber vor allem die Touristenorte an der Küste, allen voran Cala Millor, das zu den beiden Gemeinden Sant Llorenç und Son Servera gehört, oder Cala Ratjada, Sehnsuchtsort deutscher Stammgäste in der Gemeinde Capdepera. Mallorca von seiner wildromantischen Seite gibt es im ausgedehnten und unberührten Naturschutzgebiet Parc de Llevant in der Gemeinde Artà.

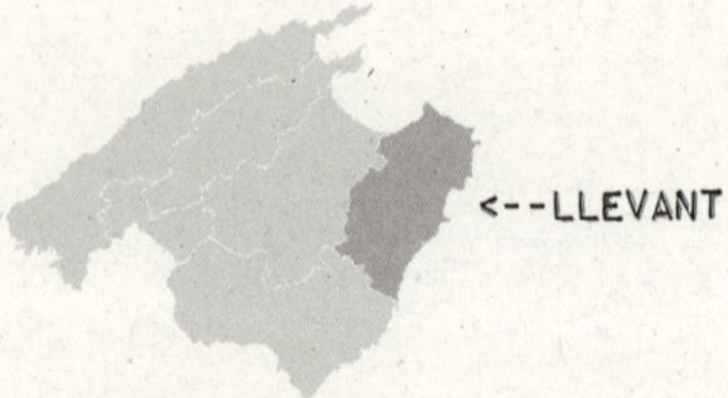

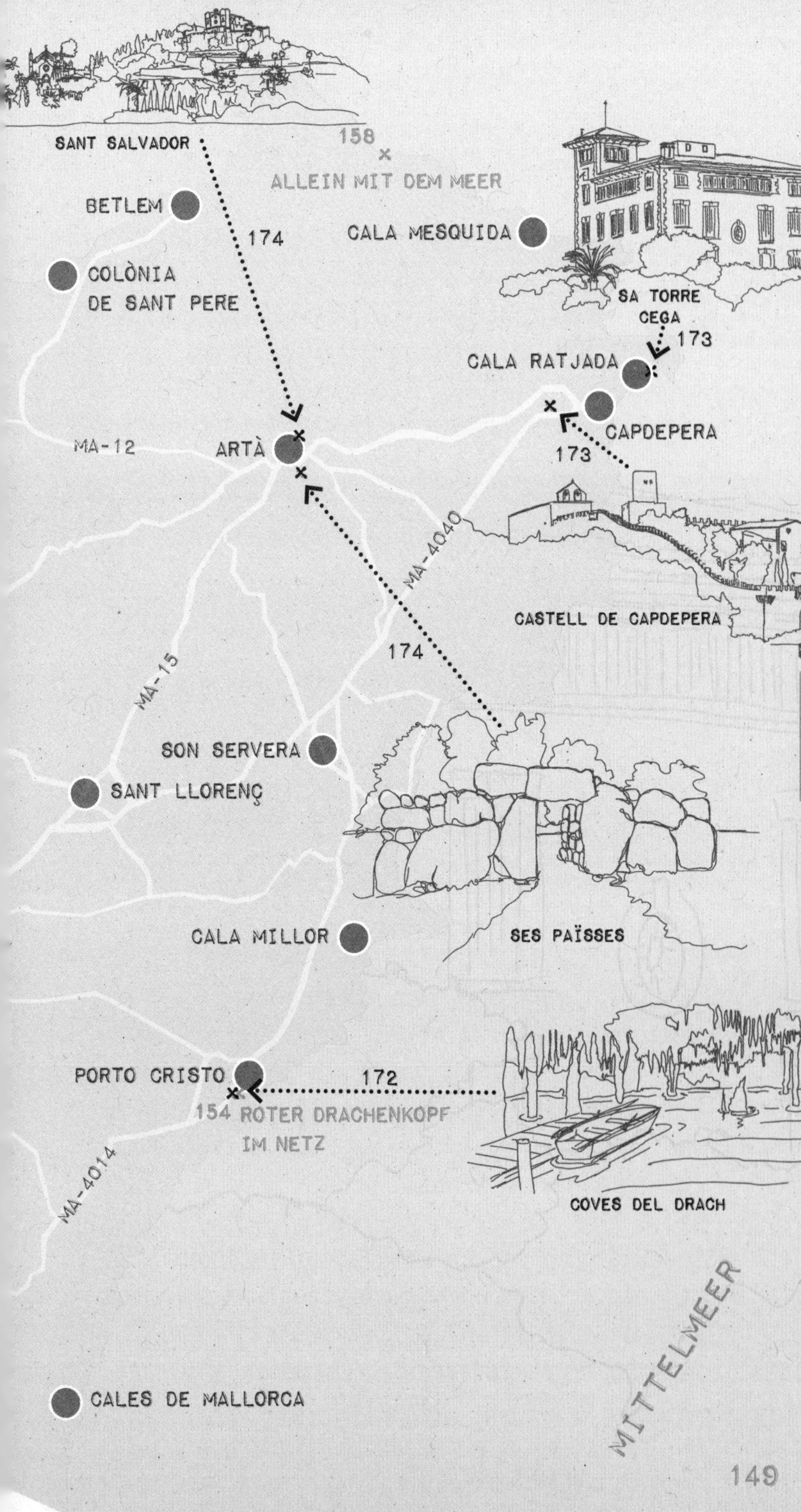
SANT SALVADOR
158
ALLEIN MIT DEM MEER
BETLEM
174
CALA MESQUIDA
COLÒNIA
DE SANT PERE
SA TORRE
CEGA
173
CALA RATJADA
MA-12
ARTÀ
CAPDEPERA
173
MA-4040
CASTELL DE CAPDEPERA
174
MA-15
SON SERVERA
SANT LLORENÇ
CALA MILLOR
SES PAÏSSES
PORTO CRISTO
172
154 ROTER DRACHENKOPF
IM NETZ
MA-4014
COVES DEL DRACH
CALES DE MALLORCA
MITTELMEER

ZU TISCH DIREKT AUF DEM FELD

ERNTE UND VERKOSTUNG MIT DEN LANDWIRTEN VON MANACOR

+++ STECKBRIEF +++

WO? AUF EINEM FELD BEI MANACOR +++ WANN? AN MEHREREN TAGEN PRO WOCHE, MITTAGS, IM SOMMER ERST ABENDS +++ WIE LANGE? 2,5 STUNDEN ODER 4 STUNDEN INKLUSIVE FÜHRUNG (AUCH AUF DEUTSCH) UND ERNTE +++ WIE VIEL? DEGUSTATIONSMENÜ 40 EURO (VIER GÄNGE, KINDER BIS 5 JAHRE FREI, BIS 12 JAHRE 15 EURO), MIT FÜHRUNG 70 EURO (ERNTE DARF MITGENOMMEN WERDEN, KINDER BIS 5 JAHRE FREI, BIS 12 JAHRE 15 EURO) +++ WICHTIG! TERMIN MINDESTENS EIN PAAR TAGE IM VORAUS RESERVIEREN: TERRAGUST.COM, TEL. +34 669-40 29 38, INFO@TERRAGUST.COM +++

DIE TISCHE REIHEN SICH zwischen Bäumen, an denen gerade Pflaumen reifen. Darüber ist ein Sonnenschutz gespannt, den ein laues Lüftchen hebt und senkt. Die Küche, das ist ein Foodtruck, der mitten in der Obstplantage parkt und in dem Koch Biel für alle sichtbar das Degustationsmenü zubereitet. Die Kellner holen aus einem Lieferwagen das Geschirr und richten die Gänge an.

Zeit für die Vorspeise. Nirgendwo sonst dürfte der Weg zwischen Feld und Teller so kurz sein wie hier. Bereit stehen knuspriges Brot aus Xeixa- und Johannisbrotkernmehl, Olivenöl, Flor de Sal, Meeresfenchel, serviert auf Keramiktellern, die ebenfalls aus lokaler Produktion stammen. Die Tomate auf der Gemüsecoca erkenne ich wieder – die Plantage nebenan mit ihren mehr als zwei Dutzend Tomatensorten haben wir vor dem Festmahl besucht.

DAS OUTDOOR-MENÜ ist quasi ein Nebenprodukt der 2017 entstandenen Initiative Terracor, ein Wortspiel aus Erde (*terra*) und Herz (*cor*). »Die Menschen kaufen Obst und Gemüse nach Optik und Preis«, klagt Matias, einer der fünf Gesellschafter, bei der Führung vor dem Essen. Er will zeigen, dass Tomate nicht gleich Tomate ist – und es die fade Importware nicht mit lokalen Produkten aufnehmen kann. Der Landwirt hält Kisten und Sonnenhüte bereit, die Aufgabe lautet: reife Exemplare pflücken. Zwischen den Pflanzreihen duftet es intensiv, die kleinen Cherrytomaten werden vor Ort probiert – und schmecken zuckersüß. Schließlich durften sie bis zur Reife an der Staude bleiben.

Obwohl Mallorca eine landwirtschaftlich geprägte Insel ist, werden rund vier Fünftel der auf der Insel verzehrten Erzeugnisse importiert. Doch inzwischen haben es die Terracor-Produkte sogar in das Lidl-Sortiment geschafft, auch einige Restaurants kaufen lokal ein – lediglich die Hotels setzten weiter durchweg auf Import, meint Matias. Es ist kein Bio-, aber ein integrierter Anbau bei Terracor: So wachsen neben den Stauden etwa Ringelblumen. Auf ihnen fühlen sich Insekten wohl, die Schädlinge vertilgen. »Wir machen das wie unsere Großeltern, nur mit moderner Technik.«

DIE OUTDOOR-MENÜS sind eine sehr flexible Angelegenheit: Aufgetischt wird auf einer der fünf Terracor-Fincas nahe Manacor, wo gerade etwas auf den Feldern blüht oder reift, an heißen Sommertagen erst am Abend unter Weinreben. Und wenn es regnet, geht es ins weitläufige Gewächshaus. Innerhalb einer Stunde ist alles umgebaut, inklusive Toilettenwagen. Die Frau am Tisch schräg gegenüber fragt etwas unsicher nach einem WC und ist froh, dass sie nicht in die Büsche muss, beziehungsweise hinter die Obstbäume, die derzeit 167 verschiedene Sorten tragen.

Es geht weiter im Menü, erst gemischtes Gemüse, dann zarter Schweinespeck mit Süßkartoffeln, als Dessert Vanille-Mousse mit eingelegten Erdbeeren. Das Menü wechselt saisonal, je nachdem, was gerade reif wird. Koch Biel ist der Sohn von Landwirten und hatte von klein auf mit frischen Produkten zu tun. Der Kräuterschnaps *Hierbas*, der zum Schluss kredenzt wird, stammt von seiner Mutter. Doch damit ist der Genuss noch lange nicht zu Ende: Die eigenhändig geernteten Tomaten sind bereits im Kofferraum verstaut.

WENN MAN SCHON MAL **HIER** IST:

Das Melonen-Dorf **Vilafranca** liegt vor den Toren von **Manacor** (ca. 10 Autominuten). Vor dem Bau der Schnellstraße Ma-15 im Jahr 2006 kam man automatisch hier durch, jetzt muss man den Ort mit seinen bunten Obst- und Gemüseständen (siehe S. 239) gezielt ansteuern. Kuriosität: das **Korkenzieher-Museum** □→ (Mi 10–15 Uhr, Carrer Bonany, 7, museo-sacacorchos.com, 20 Euro inklusive Führung auf Deutsch und eine Flasche Wein).

ROTER DRACHENKOPF IM NETZ

UNTERWEGS MIT DEN FISCHERN VON PORTO CRISTO

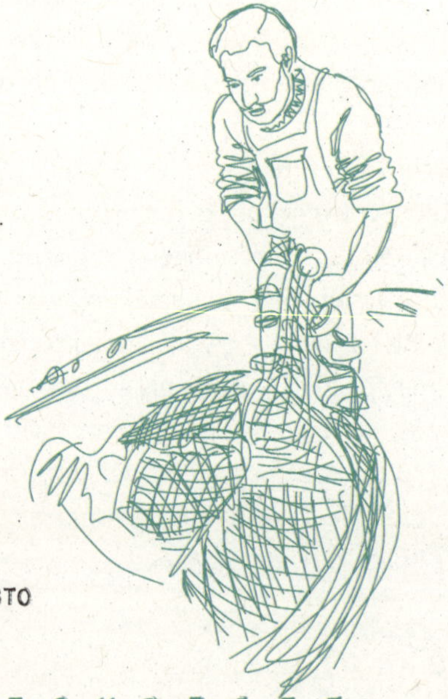

+ + + STECKBRIEF + + +

WO? HAFEN VON PORTO CRISTO +++ TIB-BUS 416/424 PORTO CRISTO (MOLL) +++ AUCH IN PALMA, PORT D'ANDRATX, SÓLLER, PORT D'ALCÚDIA, CALA RATJADA, CALA BONA +++ WANN? WOCHENTAGS FRÜHMORGENS, NACH VEREINBARUNG +++ WIE LANGE? EIN VORMITTAG ODER EIN GANZER TAG +++ WIE VIEL? 90 EURO PRO PERSON (KINDER DIE HÄLFTE), GRUPPEN BIS VIER ODER FÜNF PERSONEN 290 EURO. BUCHUNG UNTER PESCATURISMOMALLORCA.COM ODER TELEFON/WHATSAPP: +34 622-34 73 89 +++

5

LLEVANT

DER ERSTE TINTENFISCH lässt nicht lange auf sich warten. »Sepia!«, ruft Toni, kaum dass er angefangen hat, das Netz einzuholen. Rosafarben windet sich der Fisch in den Maschen. Toni stoppt die Winde, um ihn herauszupulen und in einen Plastikeimer zu werfen. Der Fischer erwartet heute keine große Ausbeute. Zwar scheint an diesem Apriltag die Sonne, und es geht kaum Wind, aber der Kutter mit seinem tuckernden Dieselmotor schaukelt merklich auf den Wellen vor Porto Cristo. »Muy mal, muy mal«, sagt der Mallorquiner über den Wellengang, »die Sepia mag kein aufgewühltes Meer.«

Das Netz hat der Fischer am Vorabend ausgebracht, jetzt, am frühen Morgen, wird es eingeholt. Ich sitze derweil auf einer Plastiktruhe – für einen bequemem Sitz hätte ich eines der Touri-Ausflugsboote im Hafen besteigen müssen –, lasse mich wiegen und freue mich, dass mir nur ein ganz klein wenig übel wird.

PESCATURISMO, also »Fischereitourismus«, heißt das Projekt, mit dem einerseits die Fischer am Tourismusgeschäft teilhaben sollen, die Touristen andererseits erleben können, wo der Fisch herkommt. Nach einem zehn Jahre dauernden Genehmigungsstau dürfen Mallorcas Fischkutter seit 2016 Gäste an Bord nehmen. Es gibt eine mehrsprachige Buchungswebsite mit Angeboten in sieben Häfen der Insel – allzu sehr herumgesprochen hat sich das Projekt allerdings bislang nicht.

Und so lebt Toni weiter fast ausschließlich vom Fisch- statt vom Touristenfang. Ins Netz gegangen sind heute vor allem Seegras, Quallen und anderer Beifang, den der Mallorquiner wieder ins Wasser wirft. Genau genommen sind es mehrere aneinandergeknüpfte Netze, jedes 50 Meter lang, die zwischen zwei Bojen auf den Meeresgrund sinken. An der Oberseite Plastikringe für den Auftrieb, an der Unterseite Blei, so bildet sich eine rund einen Meter hohe Wand am Meeresgrund. Als schließlich vor dem Bug die schwarze Fahne der zweiten Boje in Sicht kommt, die das Ende des ausgebrachten Netzes markiert, sind gerade mal eine Handvoll Sepien im Eimer. »Muy mal, muy mal«, sagt Toni – er hatte es ja gewusst.

DIE ROCA I STEUERT EINE BOJE mit einem weiteren Netz an, diesmal läuft es etwas besser. »Cap-roig!«, ruft der Fischer und pfriemelt einen Roten Drachenkopf aus den Maschen – wegen seiner Stacheln kein leichtes Unterfangen. Der Fisch ist hässlich, aber gefragt bei Feinschmeckern. Das Netz befördert ein paar weitere Drachenköpfe und Tintenfische an Bord, zwei Eimer füllen sich zumindest zum Teil. Der Fang wird später in der Lonja verkauft werden, Palmas Fischhandelsbörse. Auf größeren Kuttern mit mehr Besatzung und eigener Kombüse können sich die Urlauber den Fisch auch direkt an Bord zubereiten lassen. Meeresfrüchte-Paella, Thunfisch angeln, Delfine beobachten – der Pescaturismo bietet viele Möglichkeiten.
Auf der gut zehn Meter langen Roca I ist allerdings nicht viel Platz, und Toni hat auch so alle Hände voll zu tun. Mehr Besatzung gibt es nicht, sein Kompagnon hat sich heute krankgemeldet. Hätte der Fischer eine zweite wasserfeste Hose und Gummistiefel mitgebracht und den Gast an Bord gefragt, ob er mit anpacken will – ich hätte sicherlich mein Bestes gegeben.

WENN MAN SCHON MAL **HIER** IST:

In Porto Cristo kehrt, wer möchte, mit Blick auf den Hafen ein. Von hier aus sind es nur fünf Autominuten oder eine Viertelstunde zu Fuß zu den **Coves del Drach**, den Drachenhöhlen (siehe S. 172). Die Strände der Ostküste laden zum Baden ein, südlich von Porto Cristo liegen **S'Estany d'en Mas (Cala Romántica)** □→ oder **Cala Varques** (siehe S. 176). Im benachbarten Manacor befindet sich das Tenniszentrum von Rafael Nadal (siehe S. 162).

ALLEIN MIT DEM MEER

KEIN STRAND AUF MALLORCA
IST SO EINSAM
WIE S'ARENALET D'AUBARCA

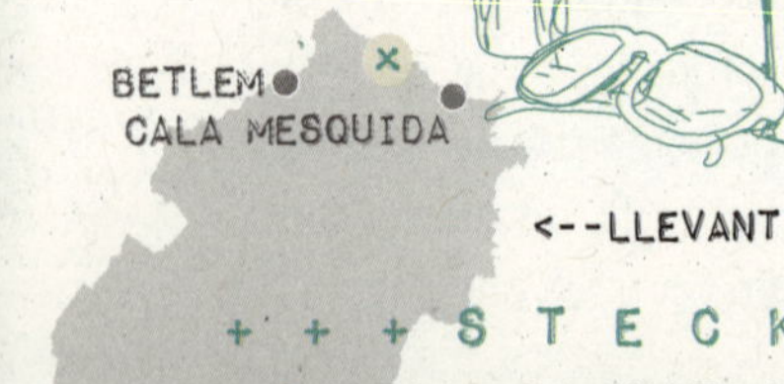

+ + + STECKBRIEF + + +

WO? PARC DE LLEVANT. VON ARTÀ AUS ÜBER DIE MA-3333 BIS ZUM PARKPLATZ ALQUERIA VELLA D'AVALL. HIER GIBT ES EIN INFOBÜRO (9-16 UHR. +34 606-09 68 30) +++ WANN? BEI SCHÖNEM WETTER +++ WIE LANGE? TAGESAUSFLUG +++ WIE VIEL? KOSTENLOS +++ WICHTIG! TOUR GUT VORBEREITEN: WASSER. SONNENSCHUTZ. FESTES SCHUHWERK. NUR BEI RUHIGER SEE BADEN (UNTERSTRÖMUNGEN) +++ PDF-KARTE. INFOS AUF DEUTSCH ZU ANFAHRT. PARK-REGELN. HERBERGSRESERVIERUNG SOWIE AUDIOGUIDES UNTER PARCNATURALDELLEVANT.BLOGSPOT.COM +++ BIKES NUR AUF DEN MEERFERNEN ROUTEN 1. 2 UND 3 ERLAUBT (VERLEIH IM ALTEN BAHNHOF AN DER HAUPTSTRASSE VON ARTÀ. AVINGUDA DE COSTA I LLOBERA. MARCADARTA@GMAIL.COM) +++

DIE BADEHOSE habe ich gar nicht erst mitgebracht – nicht, weil s'Arenalet d'Aubarca ein FKK-Strand wäre, sondern weil hier sowieso meistens niemand ist, der einem etwas weggucken könnte. Ich bin gerade der Einzige, dessen Fußabdrücke sich im Sand abzeichnen – niemand sonst weit und breit. Nur auf dem Meer zeugt eine vorüberfahrende Yacht von menschlichem Leben.

Unter den mehr als 250 Stränden Mallorcas mag es etwas für jeden Geschmack geben. Aber einsame Strände auf der Insel des Massentourismus? Wenn sie tatsächlich existieren, liegt das weniger an gut gehüteten Geheimtipps – spätestens seit Instagram & Co sind es keine mehr – als vielmehr an der Trägheit der Badegäste. Die Faustregel lautet: Je mühsamer ein Strand zu erreichen ist, desto weniger Besucher gibt es dort. Und in dieser Hinsicht kann es kaum eine Playa mit dieser Bucht an der Nordostküste aufnehmen.

HIER KOMMT NIEMAND ZUFÄLLIG VORBEI.

S'Arelanet d'Aubarca (auch: s'Arenalet des Verger) liegt nicht nur fernab der Touristenhotspots, sondern auch mitten im Naturschutzgebiet Llevant, umrahmt von unbebauten Küstenlandschaften. Dieses wiederum ist nur über eine Holperpiste erreichbar, die von Artà zu einem Parkplatz führt. Weiterfahren dürfen nur Parkranger. Wer hier badet, hat rund zehn Kilometer zu Fuß hinter sich – Fahrräder sind nur auf wenigen Strecken fernab des Strands erlaubt (Routen 1, 2 und 3). Zudem lädt die Idylle dazu ein, nicht unbedingt den direkten Weg zu nehmen.

Der Junitag hat früh begonnen. Das Auto bleibt auf dem Parkplatz von Alqueria Vella d'Avall. Mit Sonnencreme und ordentlich Wasser im Gepäck geht es über die Routen 3 und 6 durch die Landschaft. Sie ist Kontrastprogramm zur zugebauten Küste im Südwesten: So sahen also auch mal die Hügel von Santa Ponça oder Andratx aus, bevor dort Urbanisationsstraßen gebaut und Villen hochgezogen wurden.

Nach einem Abstecher auf den mehr als 400 Meter hohen Puig de sa Tudossa merke ich, dass ich Gesellschaft bekommen habe. Auf einem Felsen nahe dem Weg sitzt ein Mönchsgeier. Schließlich breitet er die Flügel aus, schwingt sich empor und gleitet hoch am Himmel durch sein Revier.

ZEIT FÜR EINE ABKÜHLUNG. Ich steige über Felsplatten zum Strand hinunter. Über rund 130 Meter erstreckt sich der weiße Sand, aus dem ein paar einzelne Steinbrocken ragen. Die Wellen umspülen meine Füße, Gischt auf schweißnasser Haut, ich bin mit dem Meer allein. Kann jetzt bitte jemand die Zeit anhalten?

Zumindest verlängern lässt sich der Aufenthalt. Nicht weit hinter dem Strand steht eine unbewirtschaftete Wanderherberge, mit Zwei- und Vierbettzimmern auf zwei Etagen. Wer hier reserviert, darf auch die Küche benutzen, Solarzellen auf dem Dach versorgen sie mit Strom. Ich stelle mir vor, wie hell in s'Arenalet wohl nachts die Sterne leuchten, fernab jeder Ortschaft, und überlege, ob man hier an der Nordostküste die Morgensonne aus dem Meer aufsteigen sieht. Das nächste Mal also mit Übernachtung?

Der Aufenthalt im Naturparadies hat allerdings seinen Preis – die beständige Erinnerung an die kilometerweite Rückkehr zum Parkplatz. Das Auto steht irgendwo dort hinter den Hügeln, die noch eine Weile die Zivilisation auf Abstand halten …

WENN MAN SCHON MAL HIER IST:

Bei der Hin- und Rückfahrt passiert man **Artà** □→. Hier kann, wer mag, über 180 Stufen den **Kalvarienberg** besteigen und den Ausblick genießen (siehe S. 174). Fast auf dem Weg liegt auch das sehenswerte Kunsthandwerks- und Märchenmuseum **ArtArtà** (siehe Seite 178). Im Ortszentrum gibt es eine Reihe von Bars und Cafés. Markttag ist am Dienstag, im Sommer auch mit Kunsthandwerk.

WO RAFA NADAL TRAINIERT

IM SPORT-IMPERIUM VON MALLORCAS TENNISHELD

+ + + S T E C K B R I E F + + +

WO? RAFA NADAL MUSEUM XPERIENCE. MANACOR. AUSFAHRT RICHTUNG CALES DE MALLORCA BEI KILOMETER 1.2 +++ ZUG T3 MANACOR (25 MINUTEN GEHZEIT). TIB-BUS 401/411/412/414/415/416/501 RAMBLA REI EN JAUME (10 MINUTEN GEHZEIT) +++ WANN? TÄGL. 10 BIS 17 UHR +++ WIE LANGE? ZWEI BIS DREI STUNDEN +++ WIE VIEL? 18 EURO (KINDER ZAHLEN 10 EURO. BIS 7 JAHRE GRATIS). RABATT AUF ONLINE-TICKETS (SPORTXPERIENCE.RNSPORTSCENTRE.COM) +++

AUFSCHLAG RAFAEL NADAL. Der Ball kommt übers Netz geflogen. Ich treffe sogar, aber schlage ihn ins Aus. Routiniert greift Rafa zum nächsten Ball. Er nähert sich von rechts. Ich will meine Position ändern und ausholen, doch mich bremst ein Kabel. So ist das mit der virtuellen Realität: Mein Bewegungsradius ist eingeschränkt, und wer auf dem echten Tennisplatz nicht viel losmacht, der kommt auch mit 3-D-Brille, virtuellem Tennisschläger und projizierten Bällen nicht weit.

In der Simulation kann in der Rafa Nadal Academy in Manacor jeder gegen Mallorcas Tennisstar antreten – das Museum versteht sich nicht nur als Schaufenster für seine Pokale, von denen sowieso nur ein Bruchteil Platz findet, sondern vor allem als technische Spielwiese. Rafa hält sich aber auch wirklich gerade hier auf, verrät Pablo von der Museumsverwaltung. Über seine Trainingspläne dürfe man Besuchern zwar nichts erzählen, aber vielleicht laufe man ihm ja über dem Weg.

DAS MUSEUM ist nur ein kleiner Teil des riesigen Komplexes, der am Rande von Mallorcas zweitgrößter Stadt in den vergangenen Jahren entstanden ist. Das mehr als 40.000 Quadratmeter große Gelände beherbergt eine Tennisakademie mit 27 Tennisplätzen, ein Wohnheim mit 64 Doppelzimmern und drei Suiten, das auch externen Gästen offensteht, darüber hinaus Hallenbad, Spa und Fitnesszentrum.

Ebenso ist das Museum nicht auf Nadal oder den Tennissport beschränkt, vielmehr kommen Fußballer und Triathleten aus ganz Europa zum Training hierher. Beschworen werden vor allem Rafas sportliche Werte, die ihm unzählige Erfolge, darunter nicht zuletzt 13 Turniersiege bei den French Open eingebracht haben. Teamgeist, Schnelligkeit, Disziplin oder Mut – für jede Eigenschaft stehen Praxistests bereit, die ich der Reihe nach ausprobiere. Ich springe Bungee über einem reißenden Fluss – zumindest machen das 3-D-Brille, Ventilator und ein vibrierendes Podest glauben –, ich fahre auf einem ruckelnden BMX-Rad haarscharf zwischen Bäumen hindurch, und es rumst ordentlich, als ich einen Rennwagen nach einer zu scharfen Kurve an die Wand setze.

ÄHNLICH wie nach zu viel Autoscooter-Fahren ist mir nach so viel virtueller Realität etwas flau im Magen, als ich mich auf die Terrasse des Cafés setze. Mein Blick fällt direkt auf einen Tennisplatz mit kleiner Tribüne, wo gerade ein ITF-Junior-Turnier der Frauen stattfindet – Nachwuchsspielerinnen werden an ein professionelles Niveau herangeführt. Zwei junge Sportlerinnen messen sich auf dem Court, weitere machen sich daneben warm. Gegenüber ist Baustelle, es entstehen zwölf weitere, überdachte Tennisplätze. Mit rund 300 Angestellten ist das Rafa Nadal Sports Centre auch ein wirtschaftlicher Faktor in Manacor, und die Familie Nadal ein Big Player – nicht nur in sportlicher Hinsicht.

Besucher können frei zwischen mehr als einem Dutzend Plätzen umherspazieren. Jeden schmückt ein Schild mit einem Zitat des Tennisprofis, zum Beispiel: »Ich spiele jeden Ball, als wäre es mein letzter.« Auch wenn sich Rafa Nadal heute letztendlich nicht persönlich blicken lässt, so sind sein Konterfei und sein Geist doch allgegenwärtig.

WENN MAN SCHON MAL **HIER** IST:

Im Vergleich zu dem hypermodernen Sportzentrum Nadals wirkt Manacor fast ein bisschen schäbig. Die Möbelstadt bietet aber durchaus Möglichkeiten zum Shoppen (z. B. **Ca'n Garanya** □→, siehe S. 179) und Einkehren (z. B. **Factoria**, siehe S. 177). An der Ringstraße beginnt die Vía Verde, eine zum Wander- und Radweg umgewidmete Bahntrasse (siehe dazu das folgende Inselabenteuer).

MIT DEM FAHRRAD DURCH DIE BÜRGERKRIEGSFRONTEN

UNTERWEGS AUF DER VÍA VERDE ZWISCHEN MANACOR UND ARTÀ

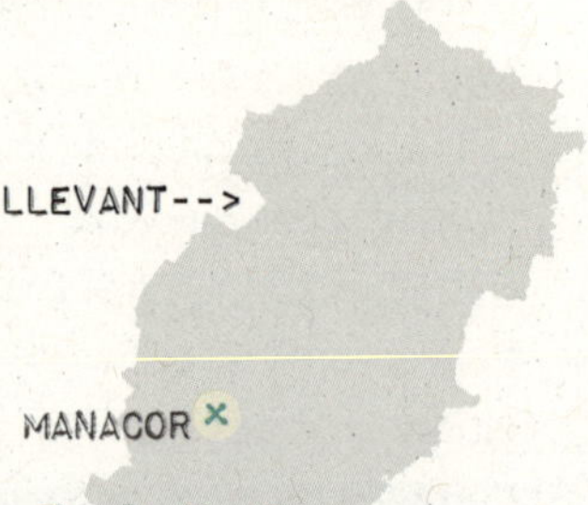

+++ STECKBRIEF +++

WO? START IN MANACOR (PASSEIG DEL FERROCARRIL, HÖHE CARRER DEL GERMÀ CAMIL) ODER AM BAHNHOF VON SANT LLORENÇ (CAMÍ DE S'ESTACIÓ) RICHTUNG SON SERVERA. DIE VÍA VERDE KANN AUCH UMGEKEHRT VON ARTÀ AUS BEFAHREN WERDEN. KARTE UND INFOS AUF ENGLISCH: BIT.LY/VIA-VERDE-MANACOR +++ WANN? WENN ES NICHT ZU HEISS IST +++ WIE LANGE? EINFACHE FAHRT MANACOR-SON SERVERA RUND EINE STUNDE (MANACOR-SANT LLORENÇ 7,8 KM, SANT LLORENÇ-SON CARRIÓ 3,6 KM, SON CARRIÓ-SON SERVERA 7,6 KM, SON SERVERA-ARTÀ 10 KM) +++ WIE VIEL? GRATIS +++ WICHTIG! DIE ROUTE EIGNET SICH AUCH FÜR SPAZIERGÄNGE ODER JOGGING, ABER NICHT FÜRS RENNRAD (SCHOTTERPISTE) +++ RADVERLEIH IN MANACOR (VORAB RESERVIEREN!), Z. B. BICIS SANCHO (BICIS-SANCHO.COM, CARRER DES BARRACAR, 107) ODER BICIS VERDES (PASSEIG DEL FERROCARRIL, 61, TEL. +34 971-84 33 58). IN ARTÀ SIEHE S. 158 +++

VÍA VERDE HEISST AUF DEUTSCH

grüner Weg. Die Landschaft hier im Llevant mag zwar grün sein, doch der Weg ist vor allem eine Erd- und Schotterpiste, sodass mein Allround-Bike immer wieder ordentlich durchgeschüttelt wird. Es stellt sich auch ein gewisser Tunnelblick ein: Die Strecke fühlt sich schnurgerade an, auf beiden Seiten Holzgeländer und junge Bäumchen.

Ich bin von Manacor Richtung Ostküste gestartet, die knapp 30 Kilometer lange Vía Verde führt bis Artà. Eigentlich sollte hier wieder ein Zug fahren, so wie in der Zeit vor 1977. Den Plänen kamen die Finanzkrise und der politische Machtwechsel von 2011 dazwischen, die schon begonnene Trasse wurde zum Wander- und Radweg umgewidmet. Die Strecke ist aber nicht nur politischer Irrweg und Ausflugsroute. Sie taugt auch zur Orientierung, wo in etwa die Frontlinien in Mallorcas einziger Bürgerkriegsschlacht 1936 verliefen. Denn ausgewiesen sind diese nirgendwo.

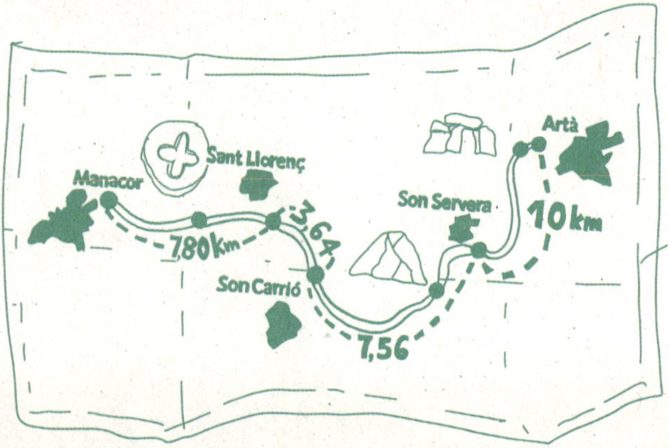

ALS GENERAL FRANCO im Frühjahr 1936 gegen die Republik putschte, war Mallorca schnell in der Hand der Aufständischen. Doch am 16. August landeten mehrere Tausend republikanische Kämpfer an der Ostküste bei Porto Cristo, um die Insel zurückzuerobern. Ihre Offensive sollte scheitern, drang aber Ende August bis knapp vor Sant Llorenç vor.

Den Ort erreiche ich nach einem Tunnel. Ich passiere den Bahnhof von Sant Llorenç – frisch restauriert, mit Bar, aber ohne Gleise – und fahre in republikanisches Terrain ein. Die Milizionäre hatten die umliegenden Hügel eingenommen. Ein weiterer Vorstoß wäre strategisch wichtig für die Einnahme der Insel gewesen: Von Mallorca aus ließ sich der Schiffsverkehr kontrollieren, von hier aus flogen Kriegsflugzeuge Richtung Festland.

Der nächste Ort, zu dem ich komme, ist Son Carrió – er wechselte mehrmals das Lager, die weithin sichtbare Kirche wurde geplündert. Der Weg steigt etwas an, es folgt rechter Hand die Finca Sa Torrenova, wo ein Lazarett stand. Hier dienten fünf Milizionärinnen, deren Schicksal Mallorca bis heute intensiv beschäftigt. Ein Foto der Frauen inspirierte zu einem Theaterstück, Dokumentationen, Forschungen – doch wohin ihre Leichen nach ihrer Hinrichtung verschwanden, ist noch immer ungeklärt.

WAS DAMALS PASSIERTE, wird erst jetzt aufgearbeitet. Der siegreiche Franco bestimmte als Diktator die Geschicke Spaniens bis zu seinem Tod 1975, danach galt ein Pakt des Schweigens. Erst seit 2014 exhumiert die balearische Landesregierung anonym verscharrte Franco-Opfer, rund hundert wurden bislang geborgen. Und erst seit 2017 graben Archäologen in den unwegsamen Hügeln an der Ostküste Schützengräben, Bunker und Patronenhülsen aus.

Einer dieser Hügel ist Na Penyal, die markante Felsnase linker Hand auf dem Abschnitt zwischen Son Carrió und Son Servera. Dieser Ort wurde von den Anhöhen aus beschossen, die alte Kirche sogar vom Meer aus, das jetzt rechter Hand zu sehen ist. Doch als am 28. August italienische Soldaten und ihre Flugzeuge ins Kriegsgeschehen eingriffen, wendete sich das Blatt. Die republikanischen Kämpfer wurden zurückgedrängt, nur einige erreichten die Schiffe. Mehrere Hundert Skelette von Gefallenen und Hingerichteten werden allein am Strand von Sa Coma vermutet. Wo jeden Sommer Urlauber nichtsahnend ihr Handtuch ausbreiten, stehen die Exhumierungsarbeiten noch aus.

WENN MAN SCHON MAL HIER IST:
In Manacor ist das Tenniszentrum von **Rafael Nadal** ⇨ nicht weit (siehe S. 162). An der Manacor-Schnellstraße (Kreisel Ausfahrt Petra) liegt zudem das kultige Traditionsrestaurant Es Cruce (restaurantescruce.com). Am anderen Ende der **Vía Verde** wartet **Artà** mit **Sant Salvador** (siehe S. 174).

WENN MAN SCHON MAL IM LLEVANT IST

+++ SEHEN +++

+++ AUSSPANNEN +++

+++ WANDERN +++

+++ RADFAHREN +++

+++ ESSEN +++

+++ AUSGEHEN +++

+++ SHOPPEN +++

+++ SCHLAFEN +++

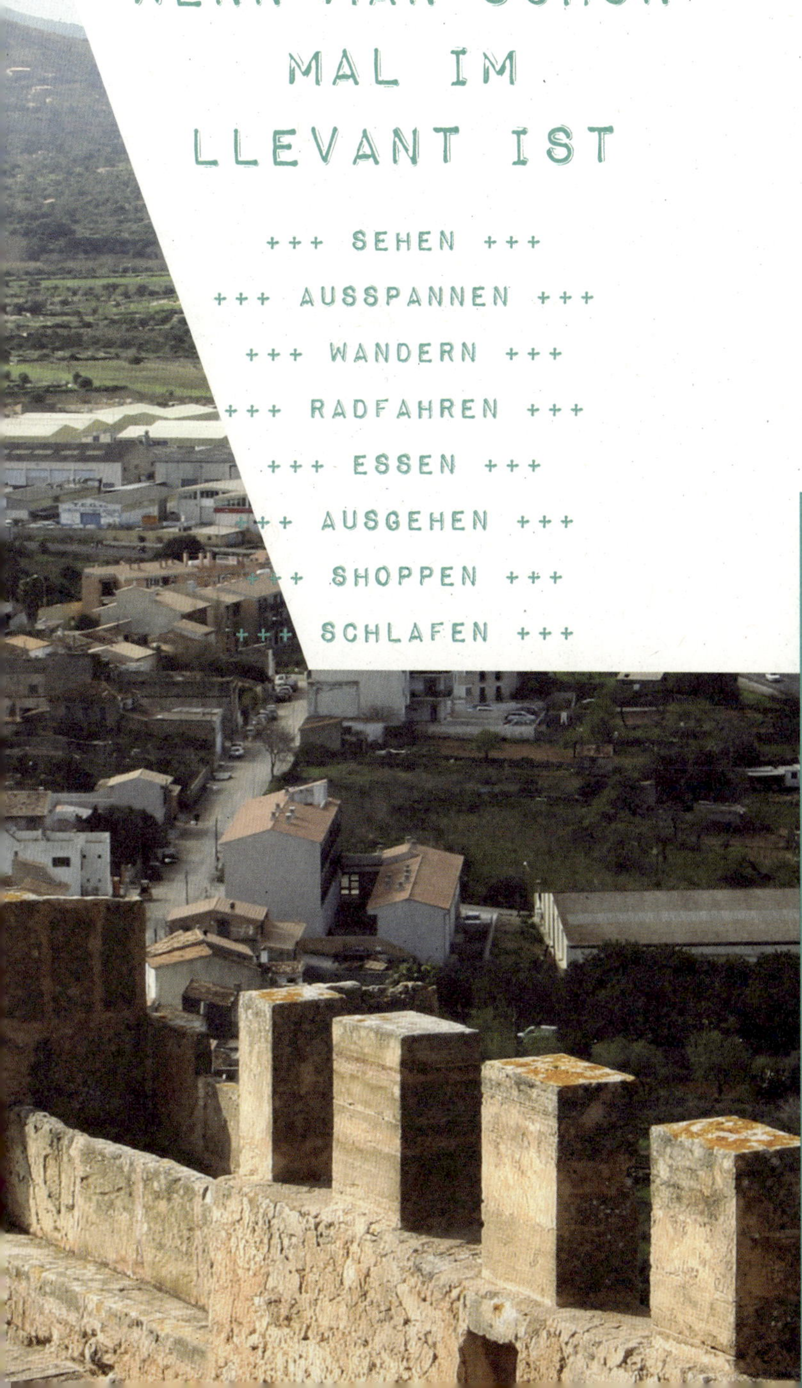

SEHEN

COVES DEL DRACH

Die Drachenhöhle in Porto Cristo ist in jeder Hinsicht für den Massenbetrieb ausgelegt: riesiger Busparkplatz, große Gruppen, breite Treppen. Wen das nicht stört, der kann entlang des 1,2 Kilometer langen Wegs imposante Tropfsteinformationen bewundern. Über 250 Stufen geht es hinunter zu einem der größten unterirdischen Seen der Welt. Zu den Klängen der *Barcarole* von Jacques Offenbach nähern sich beleuchtete Ruderboote, ein Streichquartett demonstriert live die tolle Akustik.

+++ CARRETERRA CUEVAS (IN PORTO CRISTO DEN SCHILDERN FOLGEN – SO MANCHER LANDET BEI DEN ETWAS KLEINEREN COVES DELS HAMS, DEM DIREKTEN MITBEWERBER (CUEVASDELSHAMS.COM) +++ TIB-BUS 416/424 COVES DEL DRAC +++ EINLASS IM EIN- BIS ZWEI-STUNDEN-TAKT, SIEHE CUEVASDELDRACH.COM +++ ONLINE-TICKET 15 EURO (BIS 12 JAHRE 8 EURO) +++

⟻□ SA TORRE CEGA

Prachttreppe, Lilienteiche, lauschige Lauben: Hier verbrachte Mallorcas berühmte Bankiersfamilie March (sprich »Mark«) ihre Sommerfrische. Nachdem Joan March den Hügel über Cala Ratjada 1915 erworben hatte, wurde in eine weitläufige Gartenanlage, eine exquisite Skulpturensammlung sowie eine Villa investiert, die den früheren Wachturm an dieser Stelle ersetzte. Ein Beet zeigt, was die Insel an Aroma- und Heilkräutern hergibt.

+++ CARRER JUAN MARCH, 2, CALA RATJADA +++ TIB-BUS 411/422/423/424 CALA RAJADA CENTRE +++ BESUCH UND FÜHRUNG WEGEN CORONA AUSGESETZT. TOURISMUS-INFO +34 971-81 88 54 +++

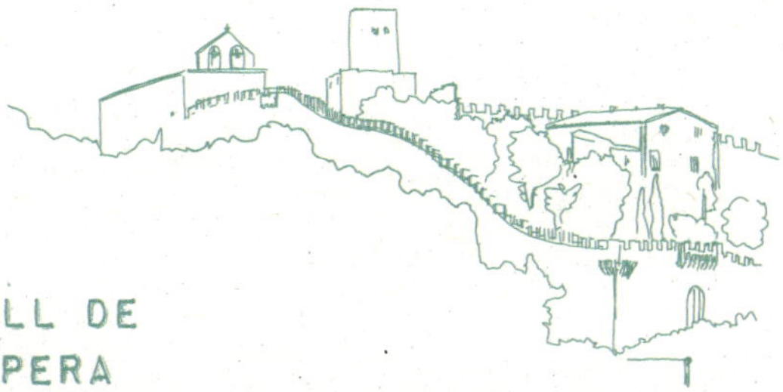

CASTELL DE CAPDEPERA

Auch wenn das Castell von Capdepera aussieht wie eine Burg aus dem Bilderbuch, war es ursprünglich ein kleines Wehrdorf, das die Bevölkerung vor Angriffen vom Meer her schützen sollte. Hinter den Mauern, die Jaume II. Anfang des 14. Jahrhunderts hochziehen ließ, verschanzten sich die Bauern. Heute gehört die Burg einer kommunalen Stiftung, die sie mit den Eintrittsgeldern in Schuss hält. Toller Ausblick.

+++ CARRER CASTELL, CAPDEPERA +++ TIB-BUS 411/424 CAPDEPERA CENTRE +++ TÄGLICH 10–19 UHR, NOVEMBER BIS MÄRZ 10–17 UHR, JANUAR GESCHLOSSEN +++ EINTRITT 3 EURO +++ CAPDEPERACASTELL.COM +++

SANT SALVADOR

Die Festungsmauern um die Wallfahrtskirche in Artà machen regelmäßig Schlagzeilen: Pfarrei und Rathaus streiten sich, wem sie gehören, nachdem die Kirche sie erst 2015 ins Grundbuchamt eintragen ließ. Die ursprüngliche Festung stammt aus arabischer Zeit, die Kirche wurde im 19. Jahrhundert neu errichtet; der ursprüngliche Bau war als Spital für Pestkranke genutzt und dann niedergebrannt worden. Heute geben sich hier immer mal wieder auch deutsche Brautpaare das Jawort und freuen sich über die schöne Kulisse für die Hochzeitsfotos.

+++ COSTA DE SANT SALVADOR, ARTÀ +++ TIB-BUS 411/421 ARTÀ +++ ARTAMALLORCA.TRAVEL/DE/SANTSALVADOR +++

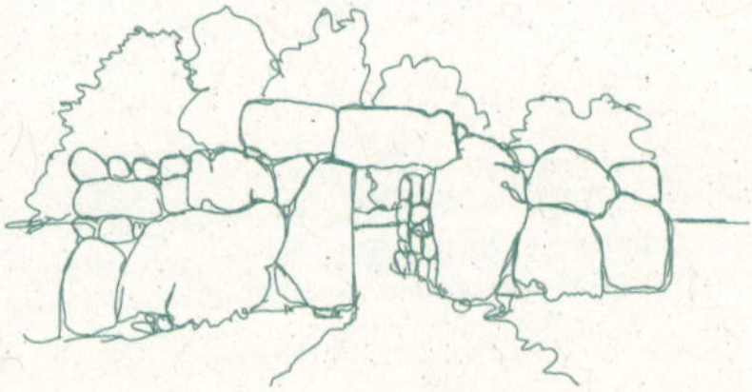

SES PAÏSSES

Talaiot – der Name der steinernen Rundbauten hat der prähistorischen Epoche auf Mallorca ihren Namen gegeben. Eine der besterhaltenen Ausgrabungsstätten ist Ses Païsses bei Artà. Gut für Nichtarchäologen: Die Gemeinde bietet in ihrer App »Artà Travel« einen Audioguide auf Deutsch an, der zwar hölzern übersetzt ist, aber keine Fragen offenlässt.

+++ IN ARTÀ DER BESCHILDERTEN ABZWEIGUNG FOLGEN +++ TIB-BUS 411/421 ARTÀ (15 MINUTEN FUSSWEG) +++ MO–SA 10–14 UHR, APRIL BIS SEPTEMBER WOCHENTAGS BIS 17 UHR +++ EINTRITT 2 EURO +++ ARTAMALLORCA.TRAVEL/DE/SESPAISSES +++

AUSSPANNEN

CALA AGULLA

Sorgenvoll schauen die Hoteliers im Frühjahr an die Cala Agulla, ob genug Sand liegt. Die den Winterstürmen ausgesetzte Naturbucht ist mit ihren rund 500 Metern Länge der wichtigste Strand von Cala Ratjada, wo Einheimische und Urlauber in großer Zahl das Handtuch ausbreiten.

+++ AB CALA RATJADA AUSGESCHILDERT +++ ZU FUSS VOM ZENTRUM ÜBER DIE AVINGUDA AGULLA. MIT DEM AUTO ÜBER CAMÍ DE CALA AGULLA +++ TIB-BUS 411/422/423/424 CALA AGULLA +++

CALA NA CLARA

Der Name ist Programm: Klar ist das Wasser an der Cala Clara, man sieht bis auf den sandigen Grund, der sich Hunderte Meter ins Meer hinauszieht. Vor allem in der Nebensaison ist es an dem nur rund 100 Meter breiten Strand still.

+++ ANFAHRT ÜBER BETLEM. BIS ZUM ENDE DER AVENIDA COLOM. HIER GEHT ES ZU FUSS ÜBER EINEN KIESWEG WEITER (LINKS HALTEN) +++

WANDERN

PUIG FERRUTX

Umwerfendes Gipfelerlebnis: Von dem 522 Meter hohen Puig Ferrutx, einer Felsnase an der Küste von Colònia de Sant Pere, sieht man fast alles – in der Tiefe die Bucht von Alcúdia, in der Ferne die Gipfel der Tramuntana, bei klarer Sicht sogar die Nachbarinsel Menorca.

+++ AUFSTIEG VON BETLEM (SCHOTTERPARKPLATZ VOR ORTSEINFAHRT. EINFACH 8 KM) ODER VON DER ERMITA DE BETLEM (ANFAHRT ÜBER ARTÀ RICHTUNG PARC DE LLEVANT. EINFACH 6 KM) +++ GPS-DATEN UNTER MM-ABENTEUER.COM! +++

CALA ROMÀNTICA–CALA VARQUES

Die Cala Varques war ein echter Geheimtipp, heute sorgen illegale Wildparker für Schlagzeilen. Den Ärger kann man mit einer Tour »umwandern«, die an der touristisch erschlossenen Cala Romàntica startet. Die knapp vier Kilometer lange Route führt von hier – eigentlich heißt der Strand S'Estany d'en Mas – an der Küste entlang, an Grotten vorbei bis Cala Varques.

+++ ANFAHRT ÜBER MANACOR ZUNÄCHST RICHTUNG CALES DE MALLORCA, DANN LINKS AUF DIE MA-4014 EINBIEGEN UND DEN SCHILDERN FOLGEN +++ TIB-BUS 416 PLATJA CALA ROMÀNTICA +++ GPS-DATEN UNTER MM-ABENTEUER.COM! +++

RADFAHREN

CALA RATJADA PER MOUNTAINBIKE

Auf Waldwegen, Schotterpisten und Nebenstraßen die Gegend erkunden: Der Hoteliersverband First Sun Mallorca in der Gemeinde Capdepera hat ein Gratis-Paket von 18 Routen für Mountainbiker zusammengestellt. Inklusive sind Beschreibung, Karte, GPX-Daten zum Download und Infos zum Fahrradverleih.

+++ FIRSTSUNMALLORCA.COM/CICLOTURISMO.PHP +++

CA'N SIÓN

Hier im Zentrum von Artà kommen Fans klassischer wie innovativer Tapas auf ihre Kosten (je 7 bis 12 Euro). Weinliebhaber werden umfassend auf Deutsch beraten.

+++ ARTÀ, GRAN VIA DE LA CONSTITUCIÓ, 11 +++ TIB-BUS 411/421 ARTÀ +++ DO-DI 18-22 UHR, DI 10-15 UHR +++ CANSION-RESTAURANTE.COM +++

FACTORIA

Industriedesign in der Fußgängerzone von Manacor: Im Factoria wird mediterran aufgetischt, mitunter mit asiatischem Einschlag. Hauptgerichte 15 bis 20 Euro.

+++ MANACOR, PLAÇA WEYLER, 1 +++ ZUG T3 UND TIB-BUSSE MANACOR ESTACIÓ +++ DI-SA 12-17 UHR UND 19-22.30 UHR +++ FACEBOOK.COM/FACTORIA RESTAURANT +++

SA CERVISERIA

Ausgefallene Bierkreationen fern des Urlaubertrubels von Cala Ratjada: Ein mallorquinisches Paar zapft seit 2018 Selbstgebrautes. ½ Pint 2,50 Euro, an der Theke bestellen!

+++ CALA RATJADA, CARRER DE SES ROGES, 55 +++ TIB-BUS 411/422/423/424 CALA RAJADA CENTRE +++ 18-23 UHR, AM WOCHENENDE AUCH 12-14.30 UHR +++ FACEBOOK.COM/SACERVISERIA +++

ANPFIFF

Die Kneipe in Cala Millor ist ein echtes Stück deutsche Auswanderergeschichte. Hier gibt es Currywurst, Sauerbraten und Erbsensuppe, vor allem aber Fußballatmosphäre.

+++ CALA MILLOR, CARRER SOL NAIXENT, 8 +++ TIB-BUS 411/424/A42 AV. BON TEMPS +++ SAISON 9-1 UHR +++ FACEBOOK.COM/RTLANPFIFF +++

AUSGEHEN

ANGELS

Bunter Hotspot in Cala Ratjada für Cocktails mit viel Stil, auch so mancher Kellner ist eine Attraktion für sich. Es wird in der Hochsaison schnell voll, aber es ist ja auch noch draußen Platz. Die Disco Bolero gehört dazu und befindet sich gleich nebenan.

+++ CALA RATJADA, CARRER LEONOR SERVERA, 36 +++ TIB-BUS 411/422/423/424 CALA RAJADA CENTRE +++ 20–4 UHR (HAUPTSAISON) +++ BOLERO-ANGELS.COM +++

BORA BORA ⇨

Exotische Cocktails mit Nebeleffekt und Blick auf die Promenade von Cala Ratjada: Das Bora Bora gehört einer mallorquinischen Familie mit polynesischem Faible. Den *Coctel Polinesio* (6,50 Euro) würde ich sofort wieder bestellen! Zu später Stunde weicht die sanfte Reggaemusik spanischen Klängen.

+++ CALA RATJADA, PASSEIG COLOM +++ TIB-BUS 411/422/423/424 CALA RAJADA CENTRE +++ +++ IM SOMMER TÄGLICH AB 19.30 UHR +++ BORA-BORA-COCKTAIL-BAR.NEGOCIO.SITE +++

SHOPPEN

ART ARTÀ

Souvenirs von Kunsthandwerkern aus Artà: Keramik, Textilien, Schmuck, Taschen. Der Shop gehört zum gleichnamigen, originellen Märchen-Museum: Im ersten Stock sind lebensgroße, von *rondalles* (Märchen) inspirierte Figuren ausgestellt. Mit tollem Café im Innenhof.

+++ ARTÀ, CARRER ANTONI BLANES, 19 +++ TIB-BUS 411/421 ARTÀ +++ MO–MI UND FR–SA 10.30–13.30 UHR +++ ARTARTA.ES +++

CA'N GARANYA

Körbe, Geschirr, Dekoration – im Ca'n Garanya schaut vorbei, wer sich mit mallorquinischen Produkten einrichten will. Familienbetrieb in dritter Generation.

+++ MANACOR, CARRER D'EN JOAN LLITERAS, 40 +++ ZUG T3 UND TIB-BUSSE MANACOR ESTACIÓ +++ MO–FR 9.30–13.30 UHR UND 16.30–20 UHR, SA 10–14 UHR UND 16.30–20.00 UHR GEÖFFNET +++ CANGARANYA.COM/ES/BOTIGA-40 +++

SCHLAFEN

AGUAIT RESORT & SPA

Ruheoase im quirligen Cala Ratjada: In dem Vier-Sterne-Hotel steigen auch Inselresidenten für eine Auszeit ab. Pool an der Felsküste, Spa-Bereich, flexibles All-inclusive, Adults only. Frühbucher zahlen für das DZ zwischen 110 (mit Frühstück) und 220 Euro (alles inklusive).

+++ CALA RATJADA, AVINGUDA DELS PINS, 61 +++ TIB-BUS 423 N'AGUAIT +++ GRUPOTEL.COM (IM MENÜ AUSWÄHLEN) +++

MAMBOO

Früher Absteige für Partytouristen, jetzt modernes Bed & Breakfast mit ökologischer Einrichtung nahe dem Hafen von Cala Ratjada. EZ mit Frühstück ca. 75 Euro (Hauptsaison).

+++ CALA RATJADA, CARRER DES MOLL, 12 +++ TIB-BUS 411/422/423/424 CALA RAJADA CENTRE +++ MAMBOO-HOTEL.ES +++

6

MIGJORN

+++ ERLEBEN +++

6

MIGJORN (WÖRTLICH: MITTAG/SÜDEN) heißt auf Mallorca der Südwind, aber auch die südlichste Gegend der Insel. Mal abgesehen von Erhebungen bei Felanitx findet dort die Ebene des Inselinnern (Pla) ihre Fortsetzung. Hier ist keine Gemeinde ohne Küste – zwischen Arenal (Gemeinde Llucmajor) und Portocolom (Gemeinde Felanitx)

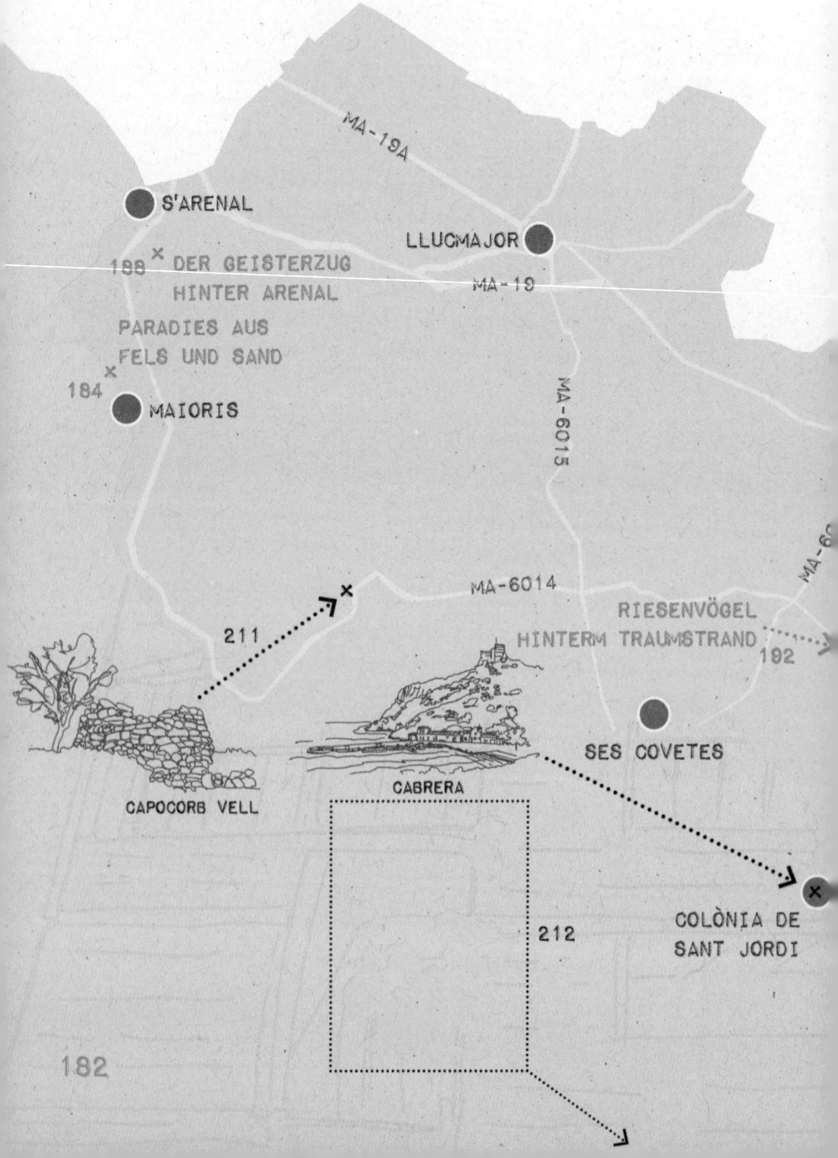

liegen die wohl schönsten Strände Mallorcas. Früher spielte Landwirtschaft eine wichtige Rolle, Campos kürt noch heute jährlich die schönste Kuh der Balearen. Das Cabrera-Archipel vor der Küste – einziger Nationalpark im Gebiet der Balearen – gehört zwar verwaltungstechnisch zu Palma, ist aber ohnehin unbewohnt.

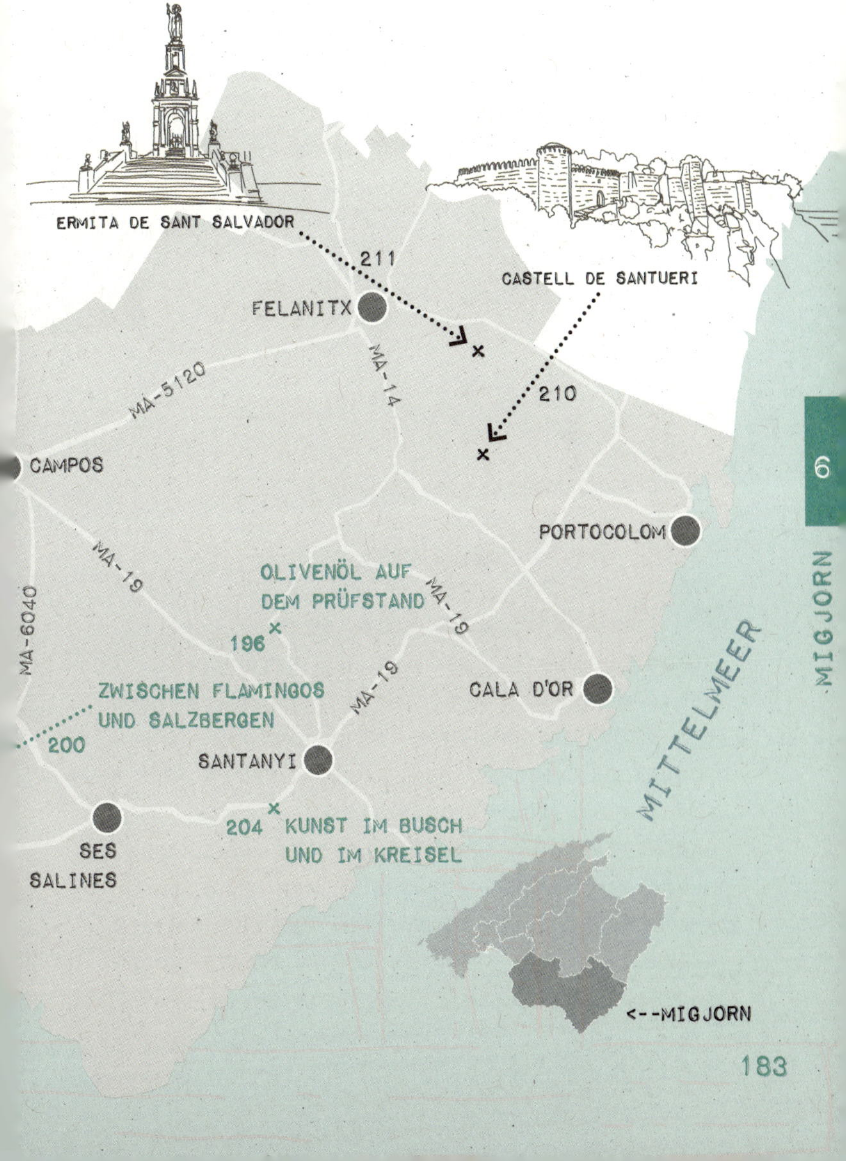

PARADIES AUS FELS UND SAND

BADEN UND SCHNORCHELN AN DER STEILKÜSTE VON LLUCMAJOR

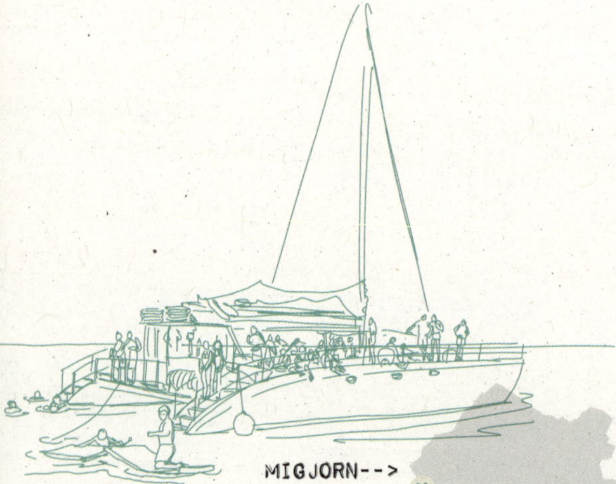

MIGJORN-->
MAIORIS

+ + + S T E C K B R I E F + + +

WO? URBANISATION MAIORIS (ÜBER FLUGHAFEN-AUTOBAHN MA-19, ABFAHRT 13 RICHTUNG CALA BLAVA/CALA PI). SIEDLUNG GERADEAUS BIS ZUM ENDE DURCHFAHREN. DURCHGANG IM CARRER ROQUETES ZWISCHEN DEN HAUSNUMMERN 6 UND 8 +++ TIB-BUS 504 MAIORIS DECIMA +++ WANN? BEI BADEWETTER +++ WICHTIG! FESTES SCHUHWERK, KEINE FLIPFLOPS. EVENTUELL AUCH BADESCHUHE UND SCHNORCHELSET EINPACKEN; NUR BEI RUHIGER SEE BADEN! +++ WIE LANGE? HALBTAGES- ODER TAGESAUSFLUG +++ WIE VIEL? KOSTENLOS +++

DAS PARADIES BEGINNT DIREKT hinter der Treppe. Die findet allerdings nur, wer weiß, wo er suchen muss; ein unscheinbarer Durchgang zwischen zwei Grundstücken am Ende der Urbanisation Maioris führt zu den Stufen, die den Anfang des Weges hinunter zum Strand markieren. Es ist nicht unser erster Besuch, und trotzdem bleibe ich stehen, um das Bild auf mich wirken zu lassen: hellblau der Horizont, tiefblau das Meer, dunkle Flecken, wo sich Seegraswiesen am Grund abzeichnen, türkisblau, wo der Boden sandig ist, vor allem entlang der gezackten Felsenküste.

Wie auf einem Wimmelbild erkenne ich in der schwirrenden Augustluft Felsplateaus, auf denen vereinzelt Besucher ihr Handtuch ausgebreitet haben, in etwas Entfernung aber auch einen kleinen Sandstrand, den Felsen vom Meer abtrennen. Er ist unser Ziel.

MEINE FREUNDE UND ICH haben keine Flipflops an, sondern Sportschuhe – keine unwichtige Voraussetzung für den verschlungenen Weg über Felsbrocken, Wurzeln und die Überreste eines gewaltigen steinernen Torbogens, den die Natur errichtete und wieder einstürzen ließ. Der Pfad verzweigt sich mehrfach, aber im schlimmsten Fall würden wir auf einem Felsplateau landen, das wir eigentlich gar nicht angesteuert hatten – hier lassen sich noch weitere Lieblingsplätze entdecken.
Ein letzter steiler Abstieg, dann ist nach rund 20 Minuten Fußmarsch der kleine Sandstrand erreicht. Linker Hand bildet der Fels eine Kante, von der aus man – mit gebotener Besonnenheit – direkt ins Meer springen kann. Nach dem Abstieg ist die Erfrischung total! Rechter Hand hat die Natur aber auch einen Einstieg für Vorsichtige geformt. Oder war es doch der Mensch? Die glatten Oberflächen an vielen Stellen der felsigen Umgebung zeugen davon, dass die Küste früher nicht als Badeort, sondern als Steinbruch diente. Mit Schiffen wurden die mächtigen Quader des auf Mallorca so geschätzten Marés-Sandsteins nach Palma gebracht und – wer weiß – vielleicht auch in der Kathedrale verbaut.

SO WILD DER STRAND, so alternativ die Zielgruppe. Hierher finden weder Pauschaltouristen noch mallorquinische Familien, die gerne mal den halben Hausstand, bestehend aus Kühlbox, Tisch, Klappstühlen und Gummitieren, mit ans Meer bringen. Im Tagesverlauf trudeln stattdessen einzelne Besucher mit Hund ein, Schnorchler, verliebte Pärchen, die für sich sein wollen. Leider ankern auch für gut eine Stunde zwei Katamarane mit Partyvolk vor der Küste. Musik, Gelächter und der Duft nach Gegrilltem weht herüber. Trotz der Selbstverpflegung will ich nicht mit ihnen tauschen. Zur Mittagszeit, wenn die Einheimischen im Gegensatz zu nordeuropäischen Rothäuten den Strand meiden, sind wir fast allein. Gut, dass unser Sonnenschirm dank der Windstille stabil steht, obwohl der Untergrund felsig ist. Wegen der ausbleibenden Brise muss ich aber auch im Stundentakt ins Wasser, um die Körpertemperatur zu regulieren.
Und ich weiß, dass ich den Strand schon kurz nach dem Aufstieg vermissen werde – dann, wenn wir durchgeschwitzt wieder oben auf der Treppe stehen und dringend eine Erfrischung brauchen.

WENN MAN SCHON MAL **HIER** IST:

Jetzt ein kühler Drink gefällig? Beim Abstieg war linker Hand ein Beachclub zu sehen. Der **Mhares Sea Club** ist die Luxusvariante des Steilküstenbesuchs, hier kommt man mit dem Auto hin (Carrer de l'Oronella, s/n, mharesseaclub.com), es gibt Pool, Handtücher und Cocktails. Wer auf der Landstraße Richtung **Cala Pi** weiterfährt, gelangt zum gleichnamigen Naturstrand – Fotos, die ihn zeigen, sind beliebte Werbemotive für Mallorca – sowie zur Ausgrabungsstätte **Capocorb Vell** (siehe S. 211) ⇨.

DER GEISTERZUG HINTER ARENAL

AUF DER EHEMALIGEN TRASSE DER BAHNSTRECKE PALMA-SANTANYÍ

+ + + STECKBRIEF + + +

WO? PLAÇA DELS NINS, ARENAL. VON HIER AUS GEHT ES HANGAUFWÄRTS UND DANN RECHTS ÜBER DIE STRASSEN BERLIN, ZAMA I DIDO UND TRENCADORS IN RICHTUNG BRÜCKE (GPS-DATEN UNTER MM-ABENTEUER.COM!) +++ EMT-BUS 23, A2 PLAÇA DELS NINS ODER TORRENT DES JUEUS +++ WANN? JEDERZEIT, SOLANGE ES HELL IST +++ WIE LANGE? RUND 90 MINUTEN EINFACH, DREI STUNDEN HIN UND ZURÜCK +++ WIE VIEL? KOSTENLOS +++

SO ALSO WÄRE DER BLICK aus dem Zugfenster gewesen. Ich stehe auf der hohen, schmalen Eisenbahnbrücke über dem Sturzbach Jueus. Linker Hand das bewaldete Hinterland der Playa de Palma, rechter Hand die Strandpromenade von Arenal, sie ist nur ein paar Querstraßen entfernt, aber von schäbigen Wohnhäusern verstellt.

Würde ich im Zug sitzen, könnte ich an die 60 Kilometer Richtung Südostküste fahren, über Llucmajor und Campos bis Santanyí. Doch die Strecke, auf der einst mit Strandgästen oder Sandstein beladene Waggons verkehrten, wurde 1964 stillgelegt – mangels Nachfrage, so die offizielle Lesart. Weil sie Flughafen und Autobahn im Weg war, sagen Eisenbahnfans. Geblieben sind rund vier Kilometer versteckter Fußweg mit ebenso versteckten Zeugnissen der damaligen Ingenieurskunst. Und dass es an diesem Dezembertag windet und nieselt, verstärkt die aufkommende Nostalgie noch ein wenig.

IN ARENAL IST zumindest die Trasse zwischen den Häusern erhalten. Ich folge den Straßen Torrent, García Lorca, Gran i General Consell, Sant Bartomeu, Girona, komme unterwegs an einem Bahnhofsplatz vorbei – Plaça d'Estació –, an dem kein Bahnhof mehr ist, auch die Passatge Vies del tren (»Zuggleis-Passage«) ist ein eindeutiges Signal.

Endlich, nach dem Überqueren der Landstraße Ma-6014, auf einem Trampelpfad, der an der Einfahrt zum Parkplatz des Wasserparks Aqualand rechts abführt, mehren sich die Hinweise. Hier ein rostbraunes Geländer, dort verbranntes Eisen, das von Gleisarbeiten zeugt, seitlich Mauern, die die Trasse vom Weg daneben abtrennten. Zum Teil ist die Strecke so zugewuchert, dass ich auf den Pfad hinter der Mauer ausweichen muss.

Eisenbahnnostalgiker fordern, die ab 1917 betriebene Strecke zumindest wieder für Spaziergänger und Radfahrer zu erschließen und auszuschildern. Eine solche Vía verde (»grüner Weg«) wäre freilich keine leichte Sache, man müsste Dinge wie Zuständigkeiten, Eigentumsverhältnisse und Finanzierung klären. Deshalb dürfte die Geisterzugtrasse auf absehbare Zeit ein Geheimtipp bleiben.

ÜBER DEN GRÖSSTEN SCHATZ DER STRECKE laufe ich zunächst hinweg, ohne ihn zu bemerken: Hinter einer Kläranlage erstreckt sich die Pont de Ses Set Boques, die »Brücke der sieben Münder« (siehe Foto). Um die Bögen des monumentalen Bauwerks zu sehen, muss man, bevor man sie betritt, linker Hand den Abhang hinunter ins trockene Flussbett des Sturzbachs Son Verí. Eine historische Brücke im Niemandsland, die nicht mehr gebraucht wird, aber hier halt weiterhin steht.

Nach dem Überqueren verläuft die Trasse an Felswänden entlang, es wird schattig. Schließlich endet der Weg abrupt an einem Gitter auf Höhe der Urbanisation Les Palmeres. Propiedad privada, Privateigentum, Endstation und Kehrtwende! Hier ist im wahrsten Sinne des Wortes der Weg das Ziel.

Wer ganz viel Zeit und Kondition hat (nichts für sehr heiße Tage), kann auf einem 17 Kilometer (!) langen Rundkurs zurücklaufen, zunächst via Urbanisations- und Landstraßen, dann auf einem anspruchsvollen steinigen Pfad an der Steilküste bis nach Arenal zurück (kombinierbar mit vorherigem Kapitel, GPS-Daten unter mm-abenteuer.com!).

WENN MAN SCHON MAL **HIER** IST:

Von Les Palmeres fährt TIB-Bus 504 (Avinguda de les Palmeres) zurück nach Arenal. Der Küstenort gehört zur Gemeinde Llucmajor □→. Im gleichnamigen Städtchen (erreichbar über Flughafenautobahn Ma-19 oder TIB-Bus 501/502/503/519d) gibt es einen schönen Marktplatz mit Wochenmarkt (Mi/Fr/So). Die Landstraße Ma-6014 führt weiter bis zur Ausgrabungsstätte **Capocorb Vell** (siehe S. 211).

RIESENVÖGEL HINTERM TRAUMSTRAND

AUF DER STRAUSSENFARM AM ES TRENC

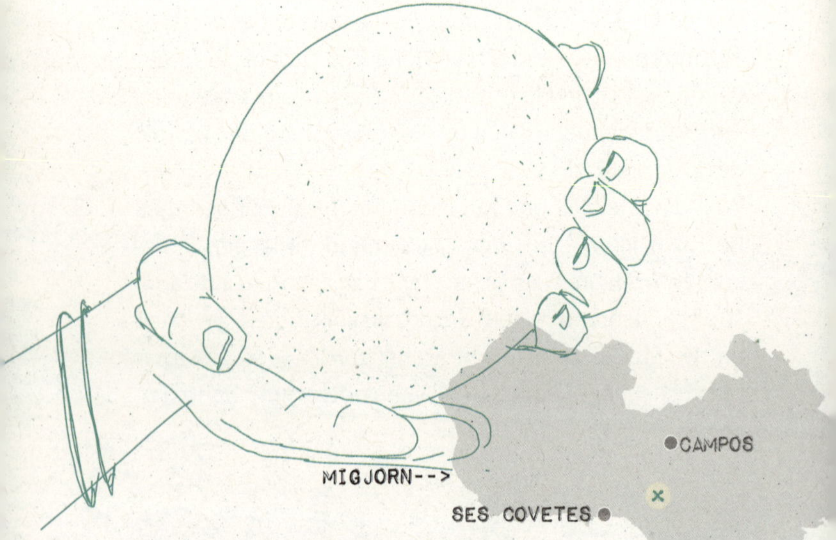

+ + + STECKBRIEF + + +

WO? LANDSTRASSE MA-6014 ZWISCHEN CAMPOS UND SES COVETES, KILOMETER 40 (GOOGLE MAPS FINDET »ARTESTRUZ«) +++ WANN? IN DER HAUPTSAISON DIENSTAG BIS SONNTAG, VOR DEM BESUCH WEBSITE CHECKEN (ARTESTRUZMALLORCA.COM) +++ WIE LANGE? ZWEI BIS DREI STUNDEN (FÜHRUNG CA. EINE STUNDE) +++ WIE VIEL? EINTRITT UND FÜHRUNG 15 EURO, KINDER BIS ZWÖLF 7 EURO, OHNE FÜHRUNG 10 EURO, KINDER 5 EURO +++

»RECHTSHÄNDER ODER LINKSHÄNDER?«

Ohad reicht einen Schutzhandschuh und einen Fressnapf über den Empfangstisch, gefüllt mit Körnern und Steinchen. Hinter einem Holzgatter reckt ein halbes Dutzend Vogel Strauße die Köpfe. Zögerlich nähere ich mich Angela mit ausgestreckter Hand, und die Straußendame stößt mit einem kräftigen Ruck ihren Schnabel hinein, um das Futter aufzupicken. Angela lässt sich auch gerne an der Vorderseite des Halses streicheln, er ist länger als mein ganzer Arm. Die Federn fühlen sich weich an.

Gut, dass Johny, der die heutige Führung auf der Farm macht, einige Details über die Strauße erst im Anschluss erzählt. Es sind nicht nur die größten und ältesten Vögel der Erde – ihre Füße mit nur zwei Zehen sehen aus wie die des Tyrannosaurus Rex –, sie schaffen auch weit über 60 Kilometer pro Stunde und können sogar Löwen mit einem ordentlichen Fußtritt töten.

RECHT VERSTECKT an einer Landstraße zwischen Campos und dem Naturstrand Es Trenc – selbst das Navigationssystem von Apple Maps tut sich schwer – liegt die Straußenfarm Artestruz. Der Name ist ein Kunstwort aus *avestruz* (Vogel Strauß) und *arte* (Kunst). Denn auf der Farm laufen nicht nur 40 Strauße umher. Aus den porzellanartigen Schalen der Rieseneier entstehen auch Lampen, Uhren und Kunstobjekte.
Die Farm wird inzwischen in zweiter Generation betrieben. Die Eltern von Ohad und Johny brachten 1998 einige Tiere aus Südafrika auf die Insel. Ende der 90er-Jahre war Straußenfleisch in Mode, doch die meisten Zuchtbetriebe auf Mallorca gaben mangels Rentabilität wieder auf. Zwar lagert auch bei Artestruz Fleisch in einer Tiefkühltruhe. Es ist aber zugekauft, wie Johny versichert – die Tiere auf der Farm werden nicht mehr geschlachtet, sondern gehen in ihren 30 bis 40 Lebensjahren allein ihrem Bildungsauftrag für Besucher nach. Unsere Gruppe erfährt, wie die Vögel mit den riesigen Augen und dem robusten Immunsystem der Evolution stets ein Schnippchen schlugen, warum sie nicht fliegen können – am Gewicht von bis zu 180 Kilo liegt es nicht! –, dass ihre Eier einen geringen Cholesteringehalt haben und die Steinchen im Futter dazu dienen, die Körner beim Verdauen zu zermahlen.

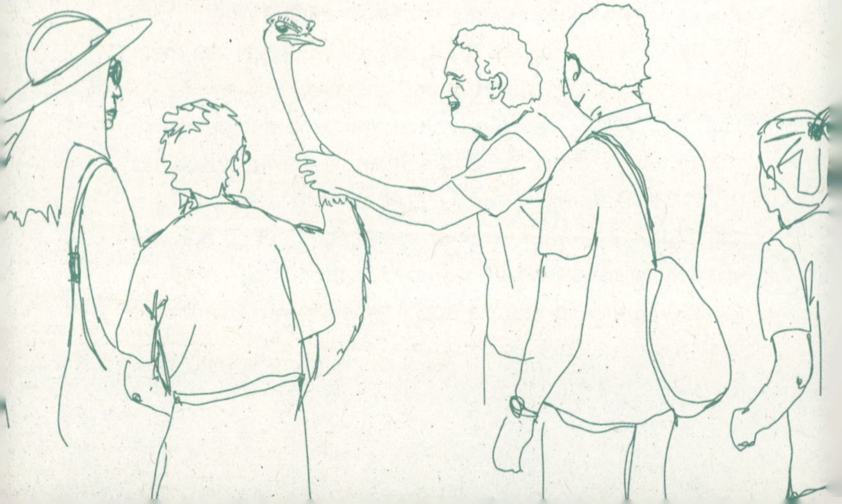

UNSER WEG FÜHRT UM DAS GEHEGE HERUM.

Die Gruppe Strauße auf der anderen Seite des Gatters schlägt wie zufällig dieselbe Richtung ein, vielleicht fällt ja noch mehr Futter ab. Da gerade keine Paarungszeit ist, bleibt es weitgehend friedlich, nur ab und zu wird gerempelt und gerannt. Vor allem die Männchen, zu erkennen am schwarzen Federkleid, sind aggressiver. Alle Vögel haben hier Namen, wobei Prince zunächst Princess hieß – das Geschlecht lasse sich nun mal erst nach knapp einem Jahr eindeutig erkennen.

Zum Abschluss der Führung bekommt Yambo Freigang. Das zahme Männchen stakst scheinbar schüchtern zwischen den Besuchern umher. Schließlich aber zupft er hier jemanden am Hemd und dort jemanden an der Hosentasche auf der Suche nach etwas Essbarem. »Keine Sorge, sie haben keine Zähne«, meint Johny. Und er räumt noch mit der größten aller Legenden auf. Dass die Tiere den Kopf in den Sand steckten, habe er noch nie beobachtet.

WENN MAN SCHON MAL **HIER** IST:

Der Naturstrand **Es Trenc** (siehe S. 213) liegt nur zehn Autominuten entfernt. Zumindest in der Hauptsaison sollte man aber nicht zu spät dort eintreffen, um einen Parkplatz zu bekommen. Einkehren lässt es sich unterwegs im vom Tourismus unbeleckten **Campos** (siehe S. 214), ansonsten bietet **Colònia de Sant Jordi** (ebenfalls zehn Autominuten) Strandflair und gastronomische Auswahl. Hier steht auch das **Cabrera-Zentrum** ⇨ (siehe S. 212).

OLIVENÖL AUF DEM PRÜFSTAND

VERKOSTUNG AUF EINER ÖKOPLANTAGE BEI SANTANYÍ

+ + + STECKBRIEF + + +

WO? AN DER MA-14 ZWISCHEN SANTANYÍ UND FELANITX. BEI KILOMETER 3.8 IN DEN CAMÍ DE SON FERRERET EINBIEGEN. ERSTE EINFAHRT LINKS (GOOGLE MAPS ERKENNT »CANOMXAI«. WENN ZUSAMMENGESCHRIEBEN) +++ WANN? IM SOMMER SUNSET-DEGUSTATION AM FREITAG UND SAMSTAG AB 17.30 UHR. GANZJÄHRIG BESICHTIGUNG MIT DEGUSTATION UND TAPAS (»GENUSSMOMENTE«) AM MI AB 11 UHR +++ WIE LANGE? JE NACH ANGEBOT BIS ZU 3.5 STUNDEN +++ WIE VIEL? SUNSET-DEGUSTATION 9 EURO. GENUSSMOMENTE 39 EURO +++ WICHTIG! ONLINE UNTER OMXAI.DE RESERVIEREN +++

AUF DEM TISCH stehen drei bauchige, zugedeckte Gläser. Ich nehme das linke, schwenke es etwas, hebe den Glasdeckel und rieche hinein. Schon klar, es riecht nach Olivenöl, aber wonach genau? Zum Glück bekommt jeder Teilnehmer der Degustation in der Olivenöl-Manufaktur Can OmXai stets eine Checkliste. Riecht es erdig, modrig oder sauer? Oder erinnert das Aroma an Gras oder gar Apfel? Die Verunsicherung in den Gesichtern der Gäste ist offenbar kein seltener Anblick. »Da fehlen in Deutschland 500 Jahre Olivenöl-Erfahrung«, sagt Hans-Josef Homscheid, der zusammen mit seiner Frau Martina seit 2016 die Plantage aufgebaut hat und mit inzwischen knapp 2.000 Bäumen Gourmet-Öl produziert. Doch es besteht Hoffnung: Besichtigung, Vortrag und Degustation auf Can OmXai sind ein genauso informativer wie unterhaltsamer Intensivkurs über das flüssige Gold der Insel.

DER OLIVENBAUM IST eines der markantesten Kennzeichen von Mallorcas Kulturlandschaft, die knorrigen Stämme sind aus der Serra de Tramuntana nicht wegzudenken. Im 17. Jahrhundert war die Olivenölproduktion ein wichtiger Pfeiler der Wirtschaft hier. Wurde die Pflege der Haine in den Jahren des Tourismusbooms vernachlässigt, sind die *olivos* heute längst wieder ein ökonomischer Faktor: Hochwertiges Öl findet seine Abnehmer, seit 2002 gibt es eine Herkunftsbezeichnung. Der Anbau wird großflächig und mit jungen, ertragreichen Bäumen betrieben.

Homscheid – in seinem früheren Leben war er in der IT-Branche tätig, bevor er bei Olivenölherstellern in die Lehre ging – stapft in das Feld und zeigt an einem Baum die jetzt im Juni noch winzig kleinen Oliven. Es gibt so viel zu erklären: Wie unterscheiden sich die Sorten *arbequina* und *picual*? Wie werden Oliven geerntet? Und wie bekommt man das Öl aus ihnen heraus? Für die Antwort steht der Nachbau einer historischen Olivenölpresse bereit, die einst mit Eseln betrieben wurde. Erst danach zeigt Homscheid die moderne Anlage für die Kaltpressung, in der die hofeigene Ernte frisch landet. Mahlwerk, Rührwerk, Zentrifuge – hier bleibt keine Frage offen.

ERST JETZT VERSTEHE ICH WIRKLICH, was natives Olivenöl (*Aceite de oliva virgen*) ausmacht und was es von der Extra-Klasse (*Aceite de oliva virgen extra*) unterscheidet. Bei der anschließenden Geruchsprobe verschiedener Öle mit Blick auf die Reihen junger Olivenbäume muss Homscheid uns aber dennoch ein bisschen auf die Sprünge helfen. Erinnert da vielleicht eine Probe an Salatsoße? In der Tat ist ein Essigaroma in einem der drei Gläser mit Olivenölen – das kann kein natives Öl sein, oder? Schließlich bin ich sogar sicher, in einer Probe Bananenschalen-Aroma erkannt zu haben.
Für die Geschmacksprobe nippe ich nur vorsichtig am Glas. Das ist auch gut so, denn erst im Nachgang entfaltet sich ein pikanter Geschmack. Am Ende werden noch Stückchen dunkler Schokolade mit Öl beträufelt. Erstaunlich, wie es die Bitterstoffe ausblendet und die Süße zur Geltung bringt! Und als das Gespräch schließlich auf Tapas, Gazpacho und andere Gerichte kommt, steht schon mal fest: Mir wird in Zukunft keiner ein minderwertiges Olivenöl unterjubeln können.

WENN MAN SCHON MAL **HIER** IST:
Von der Olivenöl-Finca ist es nur gut eine Viertelstunde mit dem Auto zum gemütlichen Städtchen Felanitx, das zu einem Bummel und einem Kaffee auf der zentralen **Plaça d'Espanya** einlädt – von den Einheimischen wegen der vielen Palmen **Plaça de les Palmeres** genannt. Panoramablicke versprechen in der Gemeinde Felanitx die Felsenburg **Santueri** (siehe S. 210) und der **Puig de Sant Salvador** ⇨ (siehe S. 211).

ZWISCHEN FLAMINGOS UND SALZBERGEN

IN DEN SALINEN VON ES TRENC

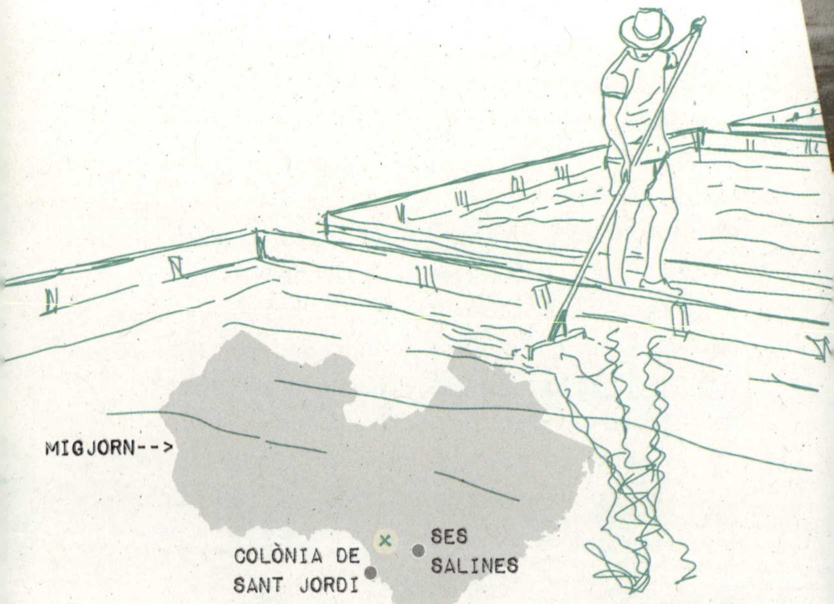

+ + + STECKBRIEF + + +

WO? SALINAS DE LEVANTE, S.A., AUF DER LANDSTRASSE MA-6040 ZWISCHEN CAMPOS UND COLÒNIA DE SANT JORDI BEI KILOMETER 8,7 RECHTS ABBIEGEN. DANN SIEHT MAN SCHON DIE SALZBERGE +++ WANN? GANZJÄHRIG, TERMINE UNTER SALINASDESTRENC.COM/VISITAS-GUIADAS, FLORDESAL.COM, TEL. +34 971-65 33 85 +++ WIE LANGE? DIE FÜHRUNG (AUCH IN DEUTSCH) DAUERT RUND 45 MINUTEN +++ WIE VIEL? 8 EURO, KINDER UND RENTNER ERMÄSSIGT +++ WICHTIG! IM SOMMER SONNENCREME NICHT VERGESSEN, SONNENHUT UND FERNGLAS WERDEN GESTELLT +++

DAS WASSER SCHIMMERT NICHT NUR RÖTLICH, es schwimmen auch rote Punkte darin. Ich tauche meine Hand in eines der Becken, fische aber vor allem eine Schicht Salz heraus – die Tierchen mit ihren winzigen Beinchen sind kaum zu greifen. »Artemia salina«, erklärt Guide Laura, Salinenkrebschen. Die Krustentiere ernähren sich von einer Mikroalge, die für die Farbe des Wassers verantwortlich ist, und sind ihrerseits Nahrung für die Flamingos.

Flamingos? Wie auf Kommando landen an diesem Märztag zwei von ihnen in einem größeren Salzbecken in vielleicht 30 Metern Entfernung. »Sie leben inzwischen das ganze Jahr hier«, sagt Laura, »normalerweise kommen sie aber nicht so nah.« Hätte ich jetzt nur das Teleobjektiv griffbereit! Als wir uns nähern, flattern die Flamingos davon und zeigen dabei das Rosa unter ihren Flügeln. Ihre ratternden Laute vermischen sich mit dem Gezwitscher der anderen Wasservögel.

RUND 200 VOGELARTEN lassen sich hier zählen. Doch auch wenn Birdwatcher im geschützten Hinterland des Naturstrands Es Trenc auf ihre Kosten kommen, ist das Salz der eigentliche Protagonist. Abgebaut wurde es an der Südküste schon von Phöniziern und Römern, die heutige Anlage geht zurück auf die 1950er-Jahre. Das Prinzip hat sich seitdem nicht verändert: Rohstoff ist das Meerwasser, das mit einem Salzgehalt von 35 Gramm pro Liter durch einen rund 900 Meter langen Kanal und von Becken zu Becken fließt. Es verdunstet nach und nach, das Salz kann auskristallisieren.

Die Ernte des vergangenen Jahres türmt sich zu hohen Bergen und sieht selbst bei näherem Hinsehen aus wie Schnee, der in der Sonne glitzert, aber nicht wegschmilzt. Jemand hat denn auch einen kleinen »Schneemann« gebaut, von dem noch der Rumpf steht. Und sogar ein Griff in den weißen Berg lässt wegen der kristallinen Struktur ein wenig an Pappschnee denken.

Darauf beruht denn auch der Coup, der 2003 gelungen ist. Seitdem wird hier die Salzblume geerntet: Feine Salzkristalle sammeln sich tagsüber auf der Wasseroberfläche. Diese Flor de Sal wird dann abgeschöpft und in der Sonne getrocknet. Ein aufwendiger Prozess, der auch auf den mehrsprachigen Schautafeln in Wort und Bild dokumentiert ist.

INSGESAMT RUND 700 BECKEN, die in den vergangenen Jahren speziell für die Ernte der Salzblüte angelegt wurden, zeugen vom Erfolg des innovativen, in der Tradition verankerten Vorzeigeprodukts der Insel – es werden inzwischen bis zu hundert Tonnen jährlich produziert. Die Flor de Sal enthält besonders viel Magnesium, Kalzium und Kalium. Kombiniert mit Gewürzen, gibt es sie in immer neuen Mischungen, von mediterran über blumig bis asiatisch, sogar Kartoffelchips werden inzwischen mit der Salzblume aufgepeppt. Nicht selten schauen mittlerweile Gourmets und Spitzenköche in den Salinen von Es Trenc vorbei, um den Ursprung der inzwischen auch außerhalb der Insel geschätzten Zutat kennenzulernen, die weiter in Handarbeit gewonnen wird.

Um das live zu sehen, muss ich freilich im Sommer wiederkommen – auch wenn sich in der drückenden Hitze dann weniger Wasservögel beobachten lassen, wie Laura zu bedenken gibt. Und sie erinnert auch gleich daran, beim nächsten Mal auf keinen Fall das Teleobjektiv zu vergessen.

WENN MAN SCHON MAL **HIER** IST:

Am Eingang findet sich ein kleines Café mit Shop, in dem es Salzerzeugnisse aller Art zu kaufen gibt. Die Salinen liegen direkt neben dem Naturstrand **Es Trenc** ⇨ (siehe S. 213), einfach den Weg bis zum Ende weiterfahren (Tagesticket Parkplatz 4 Euro). Nur rund zehn Minuten mit dem Auto sind es außerdem zur Straußenfarm **Artestruz** (siehe S. 192).

KUNST IM BUSCH UND IM KREISEL

DIE GUT VERSTECKTEN GROSSSKULPTUREN ROLF SCHAFFNERS IN SANTANYÍ

+ + + STECKBRIEF + + +

WO? PRIVATFINCA SON DANUS. LANDSTRASSE MA-19 CAMPOS-SANTANYÍ. KURZ NACH KILOMETER-STEIN 47 +++ ROLF-SCHAFFNER.COM +++ WANN? NACH VEREINBARUNG +++ WIE LANGE? CA. 3 STUNDEN +++ WIE VIEL? 20 EURO PRO PERSON +++ WICHTIG! BUCHUNGSANFRAGEN PER E-MAIL ÜBER IFLOHR.SANTANYI@GMAIL.COM ODER TELEFONISCH (+34 690-21 87 09). WEITERE INFOS UNTER KUNST-TOUREN-MALLORCA.COM +++

MACHETEN BRAUCHEN WIR ZWAR KEINE, aber ein Weg ist auch nicht erkennbar. Zwischen wilden Olivenbäumen folgen wir Ingrid Flohr und treten dabei die krautigen Pflanzen zwischen Moos und Steinplatten flach – weißer Affodill, wie die Galeristin weiß. Sie bleibt plötzlich stehen, sagt aber nichts. Wir sollen selbst auf etwas aufmerksam werden – eine überlebensgroße Skulptur aus versetzt aufgeschichteten Steinen in einiger Entfernung. Zuoberst bilden sie einen moosbewachsenen Kranz, der in der Abendsonne zu strahlen scheint.

Holt sich hier die Wildnis eine alte Kultstätte zurück? Ingrid Flohr lacht nicht über die Assoziation mit den überwucherten Maya-Ruinen. Das gehe vielen Besuchern so, wenn sie das erste Mal diese Kunstgalerie unter freiem Himmel betreten, die über Jahrzehnte sich selbst überlassen war und weder ausgeschildert, noch von außen erkennbar ist.

DIE FLOR DE PASCUAS, die Osterblume, ist ein zentrales Werk von Rolf Schaffner. Der deutsche Bildhauer fand hier in den 1960er-Jahren sein Material – den Marés-Sandstein von Santanyí – und sein Atelier: die freie Natur. Auf Son Danus, der Finca von Freunden, schuf er ohne Auftrag knapp zwei Dutzend aufwendige Großskulpturen. Er schichtete sie aus Natursteinen auf, ähnlich wie die Bauern auf Mallorca ihre Begrenzungsmauern zwischen den Feldern. Dank Zementierung sind die Werke zwar gut erhalten, aber nur im Rahmen von kleinen Führungen zu sehen – von Touristenbussen wollen die Finca-Besitzer nichts wissen.
Ein Teil der Skulpturen entstand, nachdem Schaffner zehn Jahre in Deutschland gelebt hatte. Erschrocken über die touristische Zersiedelung nach seiner Rückkehr auf die Insel in den 1990er-Jahren wurden seine Werke abstrakter und kritischer. Windzerzaust stehen wir zwischen den »Zeugen am Weg« – elf Steintürmen, die ohne den Wildwuchs von der Landstraße aus zu sehen wären – und betrachten Trümmer im Gebüsch, offenbar Reste einer eingefallenen Windmühle. Es handelt sich um die vom Sturm umgerissene Skulptur »5 vor 12«. Der Bildhauer ließ sie einfach liegen und nannte sie fortan »5 nach 12«.

AM NÄCHSTEN STOPP an der Straße nach Es Llombards steigen wir über die Reste eines Zaunes – und stehen vor einer steinernen Pferdeschar. Wieder führt kein Schild zu dem versteckten Schatz! Der 2008 verstorbene Künstler hat aber auch im öffentlichen Raum Spuren hinterlassen und etwa seinen Beitrag zur Kunst im Kreisel geleistet – praktisch kein Kreisverkehr auf Mallorca kommt ohne Skulptur aus. »Rey y Reina« – König und Königin – stehen als steinerne Stelen unweit der Pferde.
Letzte Station ist Cala Santanyí, wir steigen aus dem Auto, als gerade die Sonne untergeht. Sie färbt die Wolken über der Bucht feurig rot und hüllt Es Pontàs, eine monumentale steinerne Brücke im Meer, in weiches Licht. Dem Wahrzeichen von Santanyí gegenüber steht an der Steilküste eine letzte Stele Schaffners. Sie gehört zum Werk »Equilibrio«, Gleichgewicht, ein Mahnmal für Frieden und Naturschutz. Sechs Meter hoch sind die Quader ausbalanciert. Was würden Steine sagen, wenn sie sprechen könnten? Ingrid Flohr zitiert die Antwort eines früheren Besuchers: »Sie würden schweigen.«

WENN MAN SCHON MAL **HIER** IST:

Wer noch mehr über das Werk Rolf Schaffners erfahren will, kann die Dauerausstellung in der **Casa de Cultura de Ses Cases Noves** in Santanyí □→ besuchen (C/de s'Aljub, 22, Mi, Sa 10–14 Uhr). In dem herausgeputzten, bei Deutschen beliebten Ort gibt es eine Reihe netter Lokale, Läden und Galerien zu entdecken, mittwochs und samstags ist Markttag (siehe S. 216). Einer der schönsten Strände der Insel findet sich in der nahen **Cala Mondragó** (siehe S. 213).

WENN MAN SCHON MAL IM MIGJORN IST

+++ SEHEN +++
+++ AUSSPANNEN +++
+++ ESSEN +++
+++ AUSGEHEN +++
+++ SHOPPEN +++
+++ SCHLAFEN +++

SEHEN

CASTELL DE SANTUERI

Steile Hänge und dicke Mauern: Wer hier oben in 420 Metern Höhe steht, versteht schnell, warum diese weitläufige Festungsanlage praktisch uneinnehmbar war. Nach Jahrzehnten des Verfalls, einem vergeblichen Anlauf zur Enteignung und schließlich einer aufwendigen Restaurierung lässt die Besitzerfamilie heute wieder Besucher ein. Wer nachvollziehen will, was es mit den Öffnungen in der Mauer oder dem ausgeklügelten Wasserspeichersystem auf sich hat, kann an elf Infopfosten mit dem Handy QR-Codes einlesen. Oder man lässt das Handy stecken und genießt Fernblick, Stille und Abgeschiedenheit.

+++ VON FELANITX AUF DER MA-14 RICHTUNG SANTANYÍ. NACH EINEM KILOMETER LINKS ABBIEGEN UND DEN SCHILDERN FOLGEN +++ IM SOMMER 10.30–18 UHR +++ 4 EURO +++ SANTUERI.ORG +++

ERMITA DE SANT SALVADOR

Ob zu Fuß, mit dem Rad oder dem Auto: Die einstige Einsiedelei auf dem 509 Meter hohen Puig de Sant Salvador bei Felanitx zieht Pilger aller Art an. Wanderer erfreuen sich am Panoramablick über halb Mallorca, besonders von der Christusstatue Cristo Rei aus, Ausflügler an Klosterkirche, Herberge und Restaurant. Und Radfahrer an den gerahmten Trikots des lokalen Idols Guillem Timoner, sechsfacher Bahnrad-Weltmeister im Steherrennen.

+++ ANFAHRT ÜBER MA-4010 VON FELANITX RICHTUNG PORTOCOLOM. RECHTS AUF DIE SERPENTINENSTRASSE PMV-7011 EINBIEGEN +++ SANTSALVADORHOTEL.COM +++

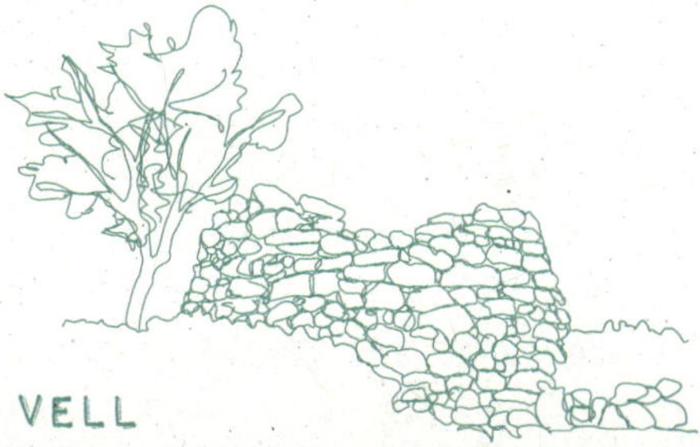

CAPOCORB VELL

Retro in jeder Hinsicht: Bei meinem letzten Besuch dieser bedeutenden Talaiot-Siedlung gab es statt Infoflyer oder QR-Code die Kopie eines mit Schreibmaschine getippten Blattes in einer Klarsichthülle, die man am Ausgang wieder zurückgeben musste. Zwischen den fünf vergleichsweise gut erhaltenen Talaiots – Verteidigungstürmen, die der prähistorischen Kultur auch ihren Namen gaben – und den 28 ehemaligen Behausungen ist man praktisch für sich.

+++ ANFAHRT ÜBER MA-6014 RICHTUNG CAP BLANC. KM 23 +++ FR–MI 10–17 UHR +++ EINTRITT 3 EURO +++ TALAIOTSCAPOCORBVELL.COM +++

←□ CABRERA

Der Nationalpark südöstlich der Küste misst 90.800 Hektar. Darin das Archipel Cabrera, das vor allem militärische Bedeutung hatte: Hier wurden Soldaten Napoleons interniert, im Ersten Weltkrieg deutsche U-Boote aufgetankt und bis 1991 spanische Manöver ausgeführt. Heute sind die Eidechsen weitgehend unter sich, die Besucherzahl ist reglementiert (Bootsausflüge ab ca. 50 Euro, marcabrera.com, excursionsacabrera.es, cruisecormoran.com). Die Unterwasserwelt ist in Meeresaquarien in Colònia de Sant Jordi zu sehen. Erbauen ließ den Komplex der später wegen Korruption verurteilte Inselpolitiker Jaume Matas, das pannenreiche Projekt verschlang 21 Millionen Euro.

+++ COLÒNIA DE SANT JORDI. CENTRE DE VISITANTS DE CABRERA. CARRER GABRIEL ROCA +++ TIB-BUS 517 MARQUÈS DE PALMER +++ 10–18 UHR +++ EINTRITT 8 EURO. KINDER 4 EURO +++ BIT.LY/BALEARSNATURA +++

←□ CALA MONDRAGÓ

Meerwärts rahmt eine tief eingeschnittene Bucht den Strand s'Amarador ein, landeinwärts breitet sich die Dünenlandschaft bis in den Wald hinein aus und geht in ein Feuchtgebiet über, in dem Schildkröten zu Hause sind. Nicht ohne Grund liegt der gut besuchte Strand inmitten des Naturschutzgebietes Cala Mondragó. Wem das Angebot der Strandbar nicht reicht, kann zum rund 200 Meter entfernten und touristischeren Nachbarstrand wechseln, zur Cala de ses Fonts de n'Alís.

+++ VON SANTANYÍ AUS IN RICHTUNG PORTOPETRO. RECHTS ABBIEGEN UND DEN SCHILDERN FOLGEN +++ PARKPLATZ RUND 400 METER ENTFERNT VOM STRAND +++ TIB-BUS 521 CALA MONDRAGÓ +++

ES TRENC

Kein Naturstrand Mallorcas macht so viele Schlagzeilen, im positiven wie im negativen Sinne. Es Trenc, das heißt: knapp vier Kilometer Karibikstrand. Bedrohtes Dünensystem. Sommerliche Autokolonnen, Parkchaos und Müll. Jahrelang Standort einer illegalen Wohnsiedlung, die abgerissen wurde. Jüngstes Naturschutzgebiet der Insel. Zankapfel zwischen Küstenbehörde und Strandbudenbetreibern. Trotz allem ist Es Trenc ein Traum – wenn man nicht in der Hochsaison kommt.

+++ DREI MÖGLICHE ANFAHRTEN. JEWEILS DEN SCHILDERN FOLGEN: VON CAMPOS AUS ÜBER MA-6030 RICHTUNG SA RÀPITA ZUM PARKPLATZ SA BARRALINA (TAGESTICKET 5 EURO). VON HIER SHUTTLE-BUS (1.50 EURO) NACH SES COVETES +++ ÜBER MA-6040 RICHTUNG COLÒNIA DE SANT JORDI UND RUND 3 KILOMETER VOR DEM ORT RECHTS ABBIEGEN (TAGESTICKET 4 EURO) +++ ODER IN COLÒNIA DE SANT JORDI PARKEN. HIER LIEGT DAS SÜDLICHE ENDE DES STRANDS (TIB-BUS 517 PRIMAVERA) +++

PLATJA D'ES DOLÇ

Die Besonderheit des Bilderbuchstrands bei Colònia de Sant Jordi: Das vorgelagerte Eiland Na Guardis schützt vor starkem Wellengang. Es Dolç ist mit einem kurzen Fußmarsch vom Hafen aus zu erreichen. Wer weitermarschiert, wird mit wenig besuchten Stränden und viel Karibik-Flair belohnt: Es Carbó (1 km), Cala en Tugores (6 km), Platja des Caragol (8 km). Zu diesem südlichsten Strand Mallorcas führt auch ein Fußweg (2 km) vom Leuchtturm von Ses Salines aus (Far del Cap Salines, Anfahrt über Ma-6110).

+++ AN DER ORTSEINFAHRT VON COLÒNIA DE SANT JORDI DEN SCHILDERN ZUM HAFEN (PORT) FOLGEN +++ TIB-BUS 517 MARQUÈS DEL PALMER +++

ESSEN

STRANDKORB

In dem Lokal gegenüber dem Cabrera-Zentrum bestellt man Tapas und Tintenfisch genauso wie Bratkartoffeln oder Apfelkuchen. Es besticht durch familiäre Atmosphäre und ist ganzjährig geöffnet.

+++ COLÒNIA DE SANT JORDI, CARRER GABRIEL ROCA, 95 +++ TIB-BUS 517 MARQUÈS DEL PALMER +++ 12-23 UHR, MO UND DO RUHETAG +++ STRANDKORB-MALLORCA.COM +++

PASTISSERIA POMAR ⇨

Die Traditionsbäckerei mit modernem Café ist die beste Adresse, um *empanadas* zu probieren. Die Teigtaschen gibt es klassisch mit Fleisch und Erbsen, aber auch mit Fisch oder Gemüse.

+++ CAMPOS, CARRER DE JAUME II, 2 +++ TIB-BUS 501/503/515/516/517/518 LA VERGE +++ 7.30-21 UHR +++ PASTISSERIESPOMAR.ES +++

BURGER DOZE

Schon mal Hamburger mit Hirsch- oder Kamelfleisch probiert? Das Lokal in Llucmajor kombiniert US-Diner-Stil mit originellen Rezepten. »La Mallorquina« (Schwarzes Schwein, Mahón-Käse, Sobrassada) gibt es für 9 Euro. Danach für einen Kaffee oder Nachtisch ins Zentrum – Llucmajor ist wesentlich schöner, als die Durchgangsstraße vermuten lässt.

+++ LLUCMAJOR, RONDA MIGJORN, 68 +++ TIB-BUS 501/502/503/519D LLUCMAJOR OEST +++ TÄGLICH 12.30–23.30 UHR +++ BIT.LY/BURGER-DOZE +++

SA COVA

Projekt aus Leidenschaft: Schauspieler und Sänger Uwe Ochsenknecht hat mit einem Partner die traditionsreiche Musikbar von Grund auf erneuert und wiederbelebt. Mittwochs und samstags Livemusik, Tapas zu einheimischen Preisen.

+++ SANTANYÍ, PLAÇA MAJOR, 30 +++ TIB-BUS 515/516/517 SANTANYÍ +++ DI–SA AB CA. 18.30 UHR, MI/SA 10–15 UHR +++ SACOVA-SANTANYI.COM +++

6

AUSGEHEN

S'EMBAT

Hippie-Feeling am Es Trenc: Die legere Musikbar ist die logische Fortsetzung des Strandtags, Duschen unnötig. Hier gibt es zu Abendessen, Cocktails und Livemusik ganz viel Atmosphäre im Schein der Lampions.

+++ ORTSEINFAHRT SES COVETES, CARRER DES MURTERS +++ IN DER SAISON DI–SO AB 20 UHR +++ SEMBATMALLORCA.COM/EL-CHIRINGUITO +++

LAOS

Futuristischer Kubus, Chillout im 2. Stock mit bequemen Sofas und großer Auswahl an Cocktails (6 bis 8 Euro).

+++ COLÒNIA DE SANT JORDI, AVINGUDA PRIMAVERA, 26 +++ TIB-BUS 517 PRIMAVERA +++ DI–SO, ÖFFNUNGSZEITEN SAISONABHÄNGIG +++ LAOSCOLONIASANTJORDI.COM +++

SHOPPEN

OBJETARIO ⇨

Die Lokalität ist mindestens ebenso spannend wie die Waren: Wo seit 2018 Kunsthandwerk, Schmuck und Dekoartikel verkauft werden, bestand ab dem Jahr 1888 eine Art Kolonialwarenladen.

+++ LLUCMAJOR, PLAÇA ESPANYA, 8 +++ TIB-BUS 501/502/503/519D LLUCMAJOR CENTRE +++ DI–FR 10.30–13.30 UHR, 17.30–20 UHR, SA 10.30–14 UHR +++ OBJETARIO.COM +++

MARKT VON SANTANYÍ

Das Herz vieler Deutschen auf Mallorca schlägt für Santanyí. Warum das so ist, lässt sich am besten am Markttag erleben.

+++ SANTANYÍ, ORTSZENTRUM +++ TIB-BUS 515/516/517 SANTANYÍ +++ MI/SA CA. 8–12 UHR +++

SCHLAFEN

HOSTAL PLAYA

Klein und traditionsreich: Das 1921 erbaute Hotel war das erste in Colònia de Sant Jordi. In dem Küstenort verbringen auch viele Mallorquiner die Sommerfrische. Das Doppelzimmer mit Meerblick kostet je nach Saison zwischen 72 und 120 Euro. Im Restaurant gibt es fangfrischen Fisch zum Kilo-Preis!

+++ COLÒNIA DE SANT JORDI, CARRER MAIOR, 25 +++ TIB-BUS 517 CONSTITUCIÓ +++ RESTAURANTEPLAYA.COM +++

HOTEL VILLA SIRENA

Die frische Meeresbrise weht bis in die Lobby: Das einfache Zwei-Sterne-Hotel liegt direkt am Eingang der tief geschnittenen Bucht von Cala Figuera. In dem ruhigen Ort gibt es zwar keinen Sandstrand, aber eine Badeleiter direkt am Hotel – näher am Meer geht nicht. Doppelzimmer mit Frühstück zwischen 83 Euro im Mai und 94 Euro im August.

+++ CALA FIGUERA, CARRER VERGE DEL CARME, 37 +++ HOTELVILLASIRENA.COM +++

6

7

PLA DE MALLORCA

+++ ERLEBEN +++

7

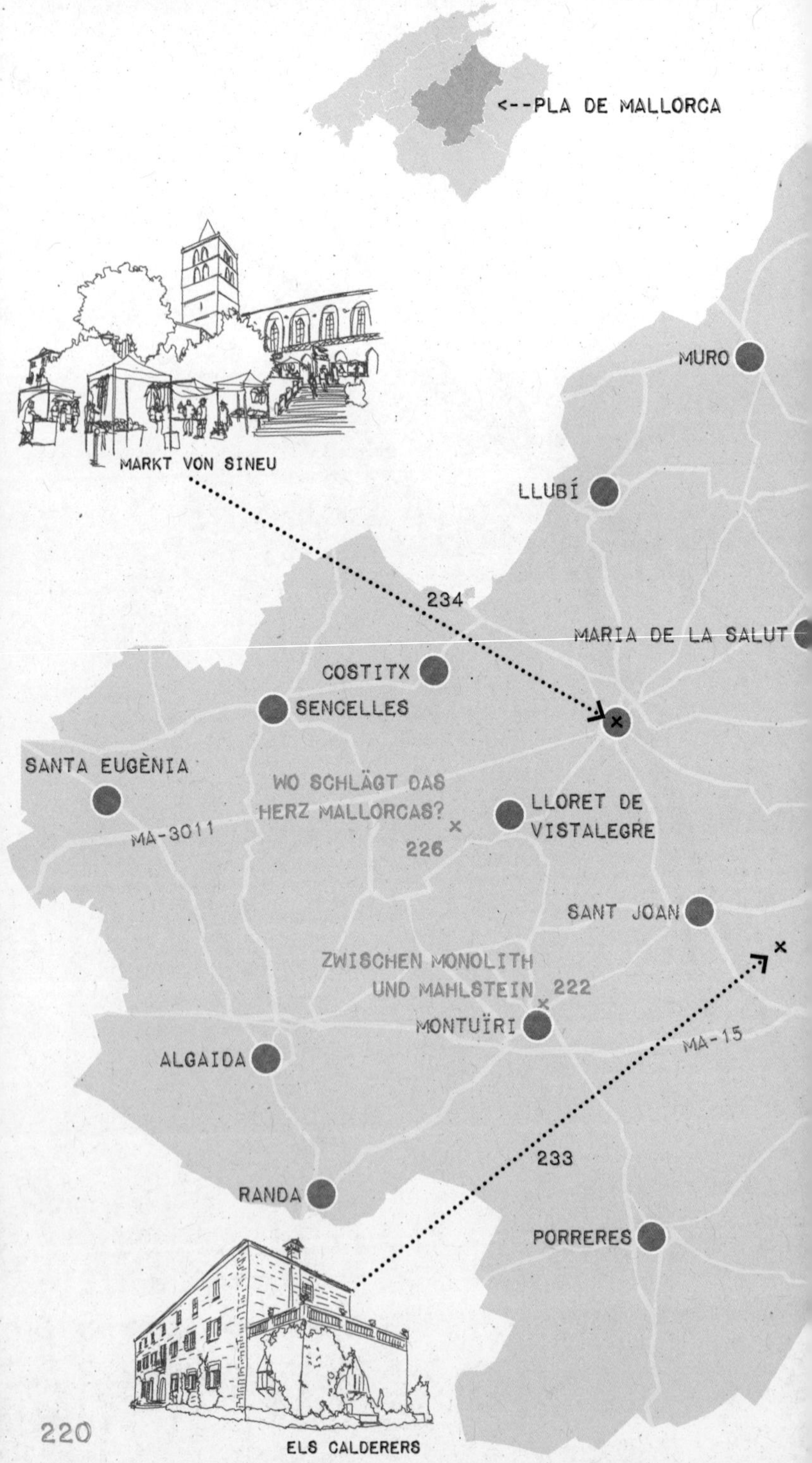

<--PLA DE MALLORCA
MARKT VON SINEU
MURO
LLUBÍ
234
MARIA DE LA SALUT
COSTITX
SENCELLES
SANTA EUGÈNIA
WO SCHLÄGT DAS
HERZ MALLORCAS?
226
LLORET DE
VISTALEGRE
MA-3011
SANT JOAN
ZWISCHEN MONOLITH
UND MAHLSTEIN
222
MONTUÏRI
MA-15
ALGAIDA
233
RANDA
PORRERES
ELS CALDERERS

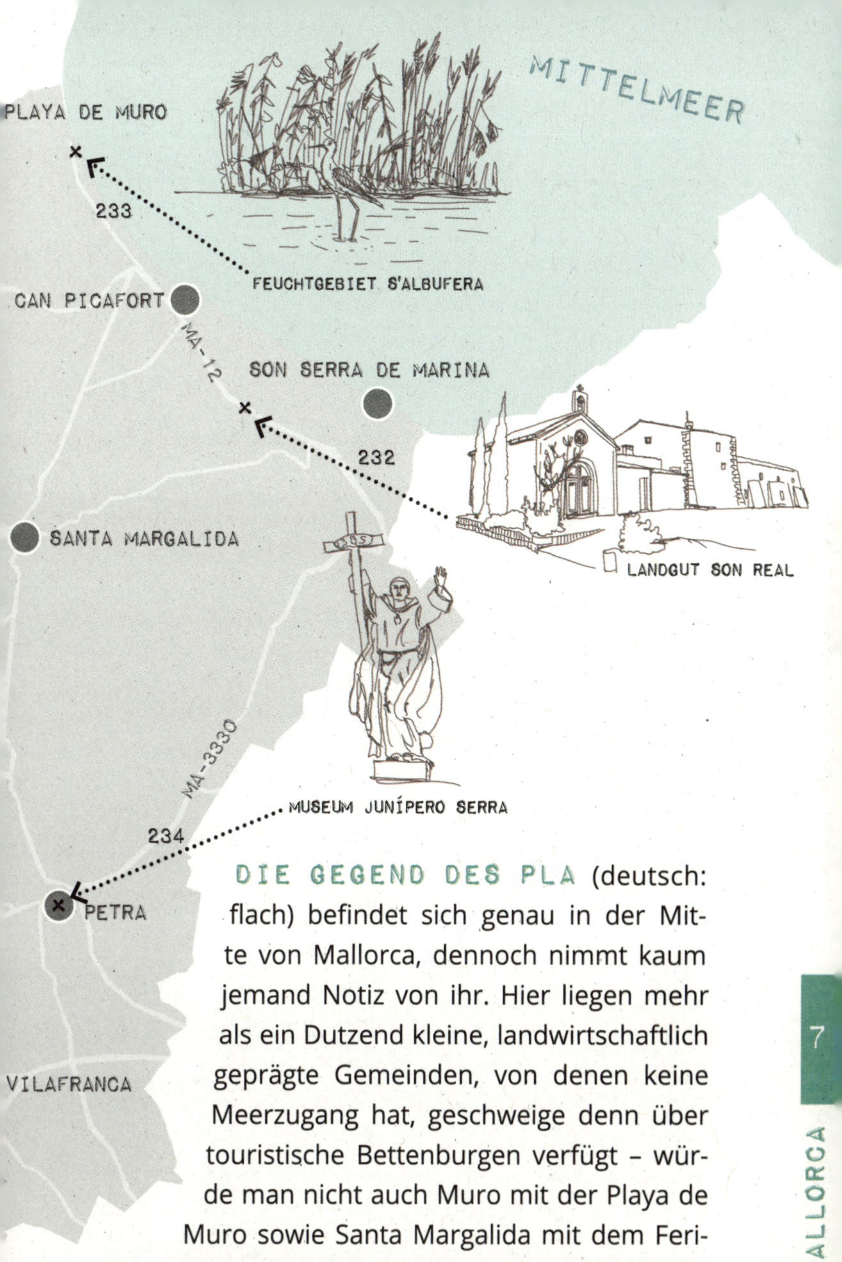

DIE GEGEND DES PLA (deutsch: flach) befindet sich genau in der Mitte von Mallorca, dennoch nimmt kaum jemand Notiz von ihr. Hier liegen mehr als ein Dutzend kleine, landwirtschaftlich geprägte Gemeinden, von denen keine Meerzugang hat, geschweige denn über touristische Bettenburgen verfügt – würde man nicht auch Muro mit der Playa de Muro sowie Santa Margalida mit dem Ferienort Can Picafort zum Pla rechnen. Die Rückständigkeit manch kleiner Kommune muss nicht unbedingt negativ sein: In den Rathäusern sieht man sich zunehmend als Vorbild für Traditionspflege und Nachhaltigkeit.

ZWISCHEN MONOLITH UND MAHLSTEIN

MONTUÏRI VON DER GANZ ALTEN BIS ZUR JÜNGEREN GESCHICHTE

+ + + STECKBRIEF + + +

WO? MONTUÏRI. TREFFPUNKT MUSEU ARQUEOLÒGIC DE SON FORNÉS. CARRER EMILI POU +++ TIB-BUS 401/403/A42 MONTUÏRI +++ WANN? NACH VEREINBARUNG – AM BESTEN MIT EINER WOCHE VORLAUF ANFRAGEN (+34 971-64 41 69, DIDACTICA@SONFORNES.MALLOCA.MUSEUM, BIT.LY/TOUR-MONTUIRI). WER ETWAS SPANISCH SPRICHT UND NUR DIE WINDMÜHLE CAN NOFRE BESICHTIGEN WILL, KANN AUCH DIREKT BEI BESITZER JOAN MESQUIDA ANFRAGEN: TEL. +34 635-53 12 48 +++ WIE LANGE? RUND VIER STUNDEN +++ WIE VIEL? 5 EURO PRO PERSON +++

ENGE STUFEN AUS ROHEM STEIN führen hinauf, links herum entlang der Innenwand des Turms. »Das ist so, weil der Müller den Sack auf der rechten Schulter trug«, sagt Joan. Ein Geländer gab es früher natürlich nicht. Nach 44 Stufen erreichen wir die Mahlkammer. Der Mallorquiner hält sein Gesicht in eines der drei Gucklöcher der Außenwand – so überprüfte der Müller einst, ob der Wind aus der richtigen Richtung kam oder ob die Flügel gedreht werden mussten. Die Hebestange dafür ist ebenfalls vorhanden. Aber um die beiden Kränze zu bewegen, die ohne Rollen Holz auf Holz drehen, bräuchte es erst eine ordentliche Schicht Fett. Und auch die Stoffsegel für die Flügel hat Joan bislang noch nicht aufgezogen – aus Furcht vor Kontrollverlust. »Solche Segelflügel treiben ein ganzes Schiff vorwärts. Der Müller war mein Großvater, nicht ich.«

OBWOHL IN DER REGEL die Gemeinde Montuïri die Besichtigung organisiert, lässt es sich der Hausherr von Can Nofre nicht nehmen, selbst sein Schmuckstück zu erklären, auf Spanisch, den Guides bleibt die Übersetzung. Seine Begeisterung ist sicher auch deswegen ungebrochen, weil die Tour wenig bekannt ist und sich der Andrang in Grenzen hält. Die Mühle aus dem Jahr 1646 wurde im Rahmen eines permanenten Programms von Mallorcas Inselrat restauriert – Know-how und Arbeiter stellt die öffentliche Hand, die Eigentümer zahlen Material, Transport und Lizenzen. Can Nofre ist die einzige wiederhergestellte Windmühle Mallorcas mit Lateinersegel und schon von der Schnellstraße Manacor aus sichtbar, auf einer windigen Anhöhe, umgeben von fruchtbaren Äckern und einem Dutzend Mühlenrümpfen, die weiter auf ihre Instandsetzung warten.

»Wenn meine Frau wüsste, was ich investiert habe, hätte sie sich schon scheiden lassen«, meint Joan verschmitzt und zeigt die restaurierten Wohnräume der Mühle, eine Sammlung alter Getreidesorten, von denen viele heute nicht mehr kultiviert werden, sowie allerlei Mechanismen und Utensilien: »Raten Sie mal, wozu das gut war!« Es ist eine Fangfrage: Was aussieht wie ein Nachttopf, diente als Spucknapf.

NEBEN WINDMÜHLEN hat Montuïri mit Son Fornés zudem die wohl wissenschaftlich am besten begleitete Ausgrabungsstätte der Talaiot-Zeit Mallorcas zu bieten – das kleine archäologische Museum ist ebenfalls in einer restaurierten Mühle untergebracht. Kurzerhand wurde alles in dieselbe Dorfführung der Gemeinde gepackt, zusammen mit historischen Weinkellern, die ohnehin auf dem Weg liegen. Guide Paula telefoniert die Besitzer ab, damit sie rechtzeitig die Türe öffnen.
Letzte Station heute ist die Ausgrabungsstätte, zu der ein rund vier Kilometer langer Weg ab dem Museum führt. Dank der Erklärungen von Paula sehen wir nicht nur einen Haufen Steine, sondern können erkennen, wozu die Rundbauten dienten, die der Talaiot-Zeit zwischen 1.000 und 550 vor Christus auch ihren Namen gaben, etwa als Fleischlager. Über einen niedrigen Korridor gelangen wir durch die fünf Meter dicke Außenwand schließlich in einen früheren Versammlungsraum mit zentraler Säule – und stehen im größten Talaiot Mallorcas mit 17 Metern Durchmesser. Wie schön, wenn es auch hier einen Hausherrn gäbe, der Anekdoten zu erzählen wüsste!

WENN MAN SCHON MAL **HIER** IST:

Zwei Bars liegen direkt am Dorfplatz, hier kann man gut einkehren, ebenso wie im **Pa-amb-Oli-Restaurant Bar s'Hostal** (siehe S. 237) ☐→. In Richtung Manacor ist es nicht weit zum **Gutshof Els Calderers** (15 Autominuten, siehe S. 233) sowie zum Museum von **Junípero Serra** (20 Autominuten, S. 234). Im Nachbarort **Lloret de Vistalegre** wartet das letzte Inselabenteuer, die Suche nach dem Zentrum Mallorcas (siehe nächste Seite).

WO SCHLÄGT DAS HERZ MALLORCAS?

REISE ZUM ZENTRUM DER INSEL

+ + + STECKBRIEF + + +

WO? LLORET DE VISTALEGRE, PARKPLATZ BAIX DE SA RIBA (UNTERHALB DER KIRCHE) +++ TIB-BUS 402 MONTUÏRI (AUF DER BESCHRIEBENEN ROUTE, AM BEGINN DES KIEFERNWÄLDCHENS, LIEGT AUCH DIE HALTESTELLE SA COMUNA) +++ WANN? JEDERZEIT, WENN ES NICHT ZU HEISS IST +++ WIE LANGE? AB ZWEI STUNDEN +++ WIE VIEL? KOSTENLOS +++ WICHTIG! FLYER MIT ROUTEN-INFOS UND KARTE UNTER: BIT.LY/TOUREN-MONTUIRI +++

AUF DEM WEG ZUM MITTELPUNKT Mallorcas sind viele Fährten gelegt. Eine führt zum Brunnen schräg gegenüber der Kirche von Lloret de Vistalegre. Ich muss ein bisschen suchen, bis ich die Botschaft finde. Erst beim Blick nach oben fällt die lateinische Gravur neben der Verankerung der Seilwinde wie eine geheime Botschaft ins Auge: »In Medio Maioricae adestis.« Will sagen: »Ihr befindet euch hier in der Mitte Mallorcas.« Die Mitteilung ist nicht nur schwer auszumachen. Sie ist auch aufgrund der Sprache ungeeignet für einen wirkungsvollen Post – und schon wegen ihrer Position untauglich für ein Selfie oder Gruppenfoto. Außerdem entdecke ich beim Blick auf die Umgebungskarte an der Kirchenfassade nebenan noch einen Eintrag, der zu denken gibt: »Centre de Mallorca«. In ein paar Kilometern Entfernung von hier befindet sich offenbar noch ein anderes Zentrum. Ja, wie viele Mittelpunkte hat Mallorca denn? Und welcher ist der echte?

DAS SIND NOCH LANGE NICHT alle Anwärter für Mallorcas Zentrum – sogar fünf Gemeinden reklamieren es für sich. Die Verwirrung hat ihre Gründe. Da sind zum einen zahlreiche Legenden um die Fruchtbarkeit fördernde oder bis ans andere Ende der Erdkugel reichende Brunnen, die im Volksglauben als Hinweis für den Mittelpunkt gelten. Zum anderen geizt die Wissenschaft mit klaren Antworten – die Insel ist nun mal kein Kreis oder Quader, sondern denkbar unförmig. Und welche Berechnungsmethode darf es sein, arithmetisches Mittel oder geografischer Schwerpunkt? Die hochamtliche Antwort lieferte 2005 das spanische Infrastrukturministerium auf dem zweiten Weg. Sie kam im Rathaus von Lloret so gut an, dass die Route zum ermittelten Standort vorbildlich ausgeschildert wurde; wenn man Besuchern schon weder Berge noch Meer bieten kann, dann wenigstens das Inselzentrum.

Ich mache mich auf den Weg. Vom Parkplatz geht es in einem gläsernen Panoramaaufzug hinauf zum Dorfplatz. Die Route führt über den Carrer Major durch den Ort und hinein in ein Kiefernwäldchen mit zwei ausgeschilderten Strecken und mehrsprachigen Infotafeln. Ich halte vor einer Grabhöhle aus der Bronzezeit an. Im dunklen Inneren der Cova d'en Dainat fällt die Vorstellung leicht: Nirgendwo sonst auf Mallorca ist die Küste so weit entfernt wie hier.

DER EINDRUCK STIMMT, jedenfalls beinahe. Die amtlich ermittelten Koordinaten – X-496.394, Y-4.385.084 – prangen auf einem wuchtigen Monolithen, auf den ich einige hundert Meter weiter stoße. Allerdings ist die Schrift bereits ausgeblichen – mit dem Beweisfoto wird es wieder nichts. Während die fünf Kilometer lange »Route der Natur« (lila) zurück ins Dorf führt, geht es auf der knapp elf Kilometer langen »Route der Ruhe« (rosa) um das Dorf herum zu einem Aussichtspunkt über das flache Land, dann zu einem weiteren Brunnen, dem Pou de Llorac. Ich wundere mich nicht über eine ebenfalls kaum lesbare Tafel: »Hic Maioricae Medium.« Noch ein Mittelpunkt, Punktsieg für Lloret!
In der Disziplin »Legende« gewinnt jedoch klar die Nachbargemeinde Sineu, letzte Station meiner Reise. Hier, neben dem steinernen Löwen vor der Pfarrkirche, liegt angeblich nicht nur das Zentrum der Insel, sondern der ganzen Welt. Denn direkt unter dem Glockenturm verläuft, so heißt es, die Erdachse. Und in der Silvesternacht steigen die Ortsvorsteher hinunter, um sie zu ölen. Doch wo soll ein solcher Keller sein? Man muss es einfach glauben: Die Welt kreist um Mallorca.

WENN MAN SCHON MAL **HIER** IST:

Zur Einkehr in **Lloret** laden Bars an der Hauptstraße ein. Praktisch auf dem Weg liegt die Kulturfinca **Son Bauló** mit interessanten Veranstaltungen (siehe S. 238). Nicht weit ist es zum Gutshof **Els Calderers** (in der Nachbargemeinde Sant Joan, siehe S. 233) sowie zum Museum von **Junípero Serra** (in Petra, siehe S. 234). In **Sineu** □→ ist immer mittwochs großer Markttag (siehe S. 234).

WENN MAN SCHON MAL IM PLA DE MALLORCA IST

+++ SEHEN +++

+++ AUSSPANNEN +++

+++ RADFAHREN +++

+++ ESSEN +++

+++ AUSGEHEN +++

+++ SHOPPEN +++

+++ SCHLAFEN +++

SEHEN

LANDGUT SON REAL

Son Real bietet dreierlei: eine Totenstadt aus phönizischer Zeit direkt am Meer, ein liebevoll gestaltetes ethnologisches Museum und dazwischen Dünen und Kiefernhaine, durch die vier Spazierwege führen. Mehrsprachige Infotafeln informieren über Flora und Fauna, am Wegesrand wühlen schwarze Schweine nach Eicheln. Im Herrenhaus ist eine Küche von einst nachgebaut, im Hintergrund säuseln Stimmen betagter Mallorquiner Geschichten über das damalige Leben. Großer Besucherandrang herrscht nicht – das Landgut gehört der Landesregierung, die viel Geld in Erwerb und Restaurierung, aber nicht in die Vermarktung gesteckt hat.

+++ ANFAHRT MA-12 ZWISCHEN CAN PICAFORT UND ARTÀ, KM 17,7 +++ 9–16 UHR (AUSSER 24.12., 25.12., 31.12., 1.1., 6.1.) +++ EINTRITT FREI +++ BIT.LY/SON-REAL +++

⟵☐ FEUCHTGEBIET S'ALBUFERA

Hier legen sich Birdwatcher auf die Lauer: In dem über 1.600 Hektar großen Feuchtgebiet an der Nordostküste sind mehr als 300 Vogelarten zu Hause, gut 10.000 Exemplare überwintern hier. Vier ausgeschilderte Wege führen zwischen Schilfrohr, Kanälen und Beobachtungsposten durch das älteste Naturschutzgebiet Mallorcas, zu hören sind nur Gezwitscher, Geschnatter und Gequake – Kontrast zu den Hotelkomplexen am Horizont.

+++ TIB-BUS 302/324/A32 S'ALBUFERA +++ APRIL-SEPTEMBER 9-18 UHR, OKTOBER-MÄRZ 9-17 UHR +++ EINTRITT FREI. ANMELDUNG UND WEGEKARTE AN DER REZEPTION +++ BIT.LY/PARK-ALBUFERA +++

ELS CALDERERS

Es sind die vielen Details, die das frühere Leben auf dem mallorquinischen Gutshof aus dem 18. Jahrhundert greifbar machen – vom Holzkohlebügeleisen über das Tintenfass bis hin zur Bettpfanne. Mehr als 30 authentisch restaurierte Räume, Werkstätten und Ställe können besichtigt werden und wirken fast so, als wären die einstigen adligen Bewohner und Landarbeiter nur gerade nicht da.

+++ MA-15 PALMA-MANACOR, AUSFAHRT 37 (SANT JOAN), SCHILDERN FOLGEN +++ MO-SA 10-17 UHR +++ EINTRITT 9 EURO (KINDER 4 EURO) +++ ELSCALDERERS.COM +++

MUSEUM JUNÍPERO SERRA

Wirklich zeitgemäß ist das Museum nicht, es zeigt aber, wie sehr Junípero Serra aus dem Dörfchen Petra verehrt wird. Der Franziskanermönch, der 2015 heiliggesprochen wurde, war 1749 als Missionar nach Amerika aufgebrochen, auch die Gründung von San Francisco wird ihm zugeschrieben. Neben dem Museum mit Gemälden, Urkunden und Landkarten steht das restaurierte Geburtshaus. Die aktuelle Debatte – 2020 gab es Anschläge auf Statuen des Heiligen vor dem Hintergrund der Black-Lives-Matter-Bewegung – muss man sich dazudenken.

+++ **MUSEU I CENTRE D'ESTUDIS JUNÍPER SERRA. PETRA. CARRER BARRACAR ALT. 6** +++ **ZUG T3 PETRA** +++ **SPENDE ERBETEN** +++ **DI–SA 11–13 UHR** +++

MARKT VON SINEU

Kein Markt auf Mallorca wird so heiß in Reiseführern empfohlen. Immer mittwochs strömen die Bustouristen nach Sineu, um hier die über 700 Jahre alte Markttradition und den Viehhandel zu bestaunen. So manches Tier steht hier allerdings nur noch wegen der Urlauber. Dennoch ist der Markt fester Bestandteil der Identität von Sineu – und wurde laut Aktenlage abgesehen von einer Pestwelle im Jahr 1820 nur während Corona für einige Wochen ausgesetzt.

+++ **SINEU. PLAÇA ES FOSSAR** +++ **TIB-BUS 402/441/442** +++ **MI 8–13 UHR** +++

PLAYA DE MURO □→

Eines vorneweg: Die seltsamen Obelisken in den Dünen sind Peiltürme. Noch bis 1970 dienten sie vor allem U-Boot-Kapitänen zur sogenannten Kreuzpeilung bei Torpedo-Übungen in der Bucht. Heute sind sie Kulisse für einen der vielseitigsten Naturstrände Mallorcas: An den äußeren Enden bei Can Picafort (Es Capellans) und Port d'Alcúdia (Sector I/II) gibt es Liegen und Verpflegung, in der Mitte (Es Comú) kommen Ruhesuchende und FKK-Freunde auf ihre Kosten. Der rund fünf Kilometer lange Strand ist paradiesisch flach, bietet Bergkulisse und ist dank Brise ideal für die große Sommerhitze. Vorsicht: Wenn vor Unterströmungen gewarnt wird, zu 100 Prozent ernst nehmen!

+++ ZUFAHRT ÜBER CAN PICAFORT. PARKEN IM ORT ODER IN DER NÄHE DES KREISELS AM EROSKI-SUPERMARKT +++ TIB-BUS 302/326/324/A32 CASETES DES CAPELLANS +++ ZUGANG ÜBER ORTSSTRAND RICHTUNG NORDEN ODER ÜBER FUSSWEG AN DER MA-12 (GEGENÜBER HOTEL VALENTÍN PLAYA DE MURO) +++

SON SERRA DE MARINA

Der Naturstrand östlich dieser Schachbrett-Siedlung hat einen ganz speziellen Reiz: Es existiert kein einziges Hotel im Ort. Hier baden Mallorquiner, viele von ihnen mit Zweitwohnung dort, sowie Individualurlauber, die nicht gerne Handtuch an Handtuch liegen, es gibt auch einen FKK-Bereich. Den grobkörnigen Sand bedecken gelegentlich Seegras und Seebälle, Kitesurfer finden ideale Bedingungen. Westlich des Orts, hinter dem Yachthafen, führt ein Weg, den auch Reiter schätzen, an einsamen und zum Tei felsigen Strandabschnitten vorbei bis Son Real (S. 232).

+++ ANFAHRT ÜBER MA-12 +++ PARKEN AM ÖST CHEN ENDE DES ORTS SOWIE AM YACHTHAFE TIB-BUS 326 SON SERRA DE MARINA +++

RADFAHREN

DÖRFER UND EINSIEDELEIEN

Für Biker, die eine längere Tour in Angriff nehmen wollen, hat Mallorcas Inselrat thematische Routen über Land- und Nebenstraßen inklusive GPX-Daten zusammengestellt. Durch sehenswerte Orte des Pla führt eine 90 Kilometer lange Dörfer-Route (knapp 900 Höhenmeter). Anspruchsvoller ist eine Einsiedelei-Route (136 Kilometer, 1.600 Höhenmeter). Start jeweils an der Playa de Palma.

+++ INFOMALLORCA.NET (ENTDECKEN SIE DIE INSEL -> RADFAHREN -> RADTOUREN VON PLATJA DE PALMA) +++

ESSEN

SA CUINA DE N'AINA

In »Ainas Küche« gibt es Traditionelles, zum Teil modernisiert und elegant präsentiert. Etwa Hähnchenschenkel gefüllt mit *sobrassada* und Pinienkernen (13,50 Euro). Netter Innenhof in der Dorfmitte, etwas Zeit mitbringen.

+++ SENCELLES. CARRER RAFAL. 31 +++ TIB-BUS 304 SENCELLES +++ MI-SO 12.30-15.30 UHR. 19.30-22 UHR +++ WWW.SACUINADENAINA.COM +++

CA'L DIMONI

Heimelig und teuflisch gut: Das Wirtshaus begrüßt seine vorwiegend einheimischen Gäste am Eingang mit einem *dimoni*, der traditionellen Teufelsgestalt. Hier isst man Eintopfgerichte, Grillfleisch und Wurstspezialitäten – *longanizas* hängen in Reih und Glied von der Decke. Wer Kohl mag: *sopes mallorquines* (7,95 Euro) bestellen!

+++ MA-15, ABFAHRT ALGAIDA +++ TIB-BUS 401/A42 S'HOSTAL +++ DO-DI 12-23 UHR +++ FACEBOOK: CA'L DIMONI +++

EL SOL

Der Rückweg vom Strand von Son Serra de Marina führt an diesem geglückten Auswanderer-Traum vorbei: Das von Deutschen betriebene Beach-Restaurant ist bei Ausländern wie Einheimischen beliebt. Die Karte mit moderaten Preisen reicht von Oktopus über Wok-Gerichte und Pizza bis Currywurst.

+++ SON SERRA DE MARINA, PUIG DE BONANY, 1 +++ TIB-BUS 326 SON SERRA DE MARINA +++ GANZJÄHRIG MIT WECHSELNDEN ÖFFNUNGSZEITEN +++ SUNSHINE-BAR.NET +++

BAR S'HOSTAL

Wohl das beste Lokal für das beliebte *pa amb oli* (sprich: Pamboli): »Brot mit Öl« (und Tomate) plus Belag. Riesige Portionen, rund 9 Euro. Besser früh kommen, Reservierung ist nicht üblich.

+++ MONTUÏRI, CARRER CONSTITUCIÓ, 59 +++ TIB-BUS 401/403/A42 MONTUÏRI +++ DI-SO 7-24 UHR, ESSEN AB 8.30 UHR +++ FACEBOOK: BAR S'HOSTAL +++

AUSGEHEN

KULTURFINCA SON BAULÓ

Wichtigste deutschsprachige Kleinkunstbühne Mallorcas und kulturelle Oase. Gastgeber Will Kauffmann ist eine Inselinstitution.

+++ LLORET DE VISTALEGRE, CAMÍ DE SON BAULÓ, 1 +++ TIB-BUS 402 SA COMUNA +++ ANFAHRT UND PROGRAMM: SON-BAULO.DE +++

CAN GAVELLA

Die Playa de Muro ist auch mit Tupper und Kühlbox ein Genuss, lässt sich aber mit einem Daiquiri noch toppen.

+++ PLAYA DE MURO, CASETES DES CAPELLANS, 174 +++ TIB-BUS 302/324/326/A32 CASETES DES CAPELLANS +++ APRIL-OKTOBER 11-19 UHR, JUNI-AUGUST BIS 22 UHR +++ CANGAVELLA.COM +++

SHOPPEN

CAN GORDIOLA

Historische Kulisse: traditionelle Glasbläserei in einer Burg! Vor dem Kauf von Geschirr, Vasen oder Deko lassen sich die Glasbläser in der zentralen Halle über die Schulter schauen.

+++ MA-15, KM 19 BEI ALGAIDA +++ MO-FR 9-18 UHR, SA 9-14 UHR +++ GORDIOLA.COM +++

ALLS I MELONS

Vilafranca ist für seine Melonen berühmt. Weitere essbare und transportfähigere Insel-Souvenirs des Traditionsladens: scharfe Paprikaschoten, eingelegte Oliven, Apfelschnaps.

+++ VILAFRANCA, CARRETERRA DE PALMA, 103 +++ TIB-BUS 401/415/A42 +++ DI-SO 9-20 UHR +++ FACEBOOK: ALLS I MELONS +++

SCHLAFEN

PETIT HOTEL ALGAIDA

Persönlich und fernab des Massentourismus: Das alte Dorfhaus wurde erst 2010 in ein Hotel umgewandelt und mit einem Pool aufgepeppt. Doppelzimmer 80 Euro in der Nebensaison.

+++ ALGAIDA, CARRER DE LA RIBERA, 1 +++ TIB-BUS 402/403 ALGAIDA +++ PETITHOTEL-ALGAIDA.COM +++

HOSPEDERIA CURA

Übernachten an einem spirituellen Ort auf dem Puig de Randa: Die einstigen Mönchszellen des Klosters auf dem Tafelberg mit Blick auf die flache Inselmitte sind heute moderne Gästezimmer, in denen gerne Yogagruppen logieren; in einer Höhle auf dem Berg wurde zudem der Universalgelehrte Ramon Llull erleuchtet. Im August mit etwas Glück 65 Euro inklusive Frühstück bei Individualbuchung – wenn alle an den Strand wollen, ist hier Nebensaison.

+++ PUIG DE RANDA +++ SANTUARIDECURA.COM/HOSPEDERIA +++

DANKE: Ich danke allen, die mir Tipps gegeben haben – unter anderem meinen Kollegen von der Mallorca Zeitung – und Erlebnisse mit mir bestritten haben – darunter meinen Eltern und meiner Trailrunning-Gruppe Spartans SGX Islas Baleares. Danke an Johannes Krayer für die Durchsicht katalanischer Schreibweisen. Und danke an Milton Leguizamon für Geduld und Rückhalt.

GPS-TRACKS: Die bei Abenteuern und Ausflügen angegebenen GPS-Routen können unter mm-abenteuer.com als GPX-Dateien heruntergeladen werden. Wer eine GPS-Uhr trägt (z. B. Garmin, Suunto, Polar), hat die jeweilige Route mit ein paar Klicks (siehe Gebrauchsanweisung) auf dem Display am Handgelenk. Importieren lassen sich die Tracks zudem in kostenlose Smartphone-Apps (z. B. Outdooractive, OsmAnd, komoot, GPX Viewer). Wichtig: Gerade im Gebirge niemals ohne Routendaten, Karte oder ortskundige Begleitung losziehen!

FOTOS: Alle von Frank Feldmeier, außer: Coverfoto: adobestock/vulcanus; S. 2: Nele Bendgens; S. 27: Ingrid Flohr; 59: Amics de Na Galera; 144/145: Aina Calafat; 153: Friedrich A. Panizza

IMPRESSUM: Text und Recherche: Frank Feldmeier; Herausgeberschaft und Redaktion: Matthias Kröner; grafisches Konzept, Layout und Covergestaltung: Berit Kröner; Illustrationen: Mirja Schellbach; Lektorat: Dr. Felicitas Igel; Korrektorat: Eva Wagner; Druck: Westermann Druck Zwickau GmbH

ISBN 978-3-96685-041-4

Die in diesem Reisebuch enthaltenen Informationen wurden vom Autor nach bestem Wissen erstellt und von ihm und dem Verlag mit größtmöglicher Sorgfalt überprüft. Dennoch sind, wie wir im Sinne des Produkthaftungsrechts betonen müssen, inhaltliche Fehler nicht mit Gewissheit auszuschließen. Daher erfolgen die Angaben ohne jegliche Verpflichtung oder Garantie des Autors bzw. des Verlags. Autor und Verlag übernehmen keinerlei Verantwortung bzw. Haftung für mögliche Unstimmigkeiten. Wir bitten um Verständnis und sind jederzeit für Anregungen und Verbesserungsvorschläge dankbar.